W0299648

Ju-Jutsu – Effektives Training

**Warnung:**

Dieses Buch enthält zum Teil Techniken, die gefährlich sein können und nur unter Anleitung eines qualifizierten Übungsleiters/Lehrers trainiert werden sollen. Der Autor und der Verlag übernehmen für Verletzungen keine Haftung.

Im Folgenden wird der Einfachheit halber einheitlich die männliche Anrede gewählt. Natürlich werden beide Geschlechter damit angesprochen.

Christian Braun

# Ju-Jutsu – Effektives Training

## Das Prüfungsprogramm vom Gelb- und Orangegurt

Meyer & Meyer Verlag

**Ju-Jutsu – Effektives Training**
**Das Prüfungsprogramm vom Gelb- und Orangegurt**

Bibliografische Information Der Deutschen Bibliothek
Die Deutsche Bibliothek verzeichnet diese Publikation in der Deutschen Nationalbibliografie; detaillierte bibliografische Daten sind im Internet über http://dnb.ddb.de abrufbar.


2. Auflage 2005
Adelaide, Auckland, Budapest, Graz, Johannesburg, New York, Olten (CH), Oxford, Singapore, Toronto
Member of the World Sportpublishers' Association (WSPA)
Druck und Bindung: Finidr s. r. o., Český Těšín
ISBN 3-89899-145-8
E-Mail: verlag@m-m-sports.com

# Inhalt

# Vorwort des Autors

Von klein auf faszinierte mich das Thema *Kampfkunst*. Mein Vater, der einen im Judo erfolgreichen Arbeitskollegen hatte, verweigerte es mir jedoch, eine Kampfsportart zu erlernen, da er auf Grund der vielen Verletzungen seines Kollegen für meine Gesundheit Bedenken hatte. So kam es dann, dass ich als Jugendlicher zuerst ca. sechs Jahre Tanzen erlernt und in der Endphase begonnen hatte, für den Turniertanz zu trainieren. Dies erledigte sich aber relativ schnell, da meine damalige Tanzpartnerin mit diesem Sport aufhörte und ich mich im Umfeld der Turniertänzer nicht so richtig wohl fühlte. Parallel dazu spielte ich ca. zwei Jahre in der Schulmannschaft Basketball, einen Sport, den ich auch heute noch regelmäßig in mein Aufwärmtraining einbaue. Wir spielen allerdings fast ohne Regeln: Es gibt zwei Körbe, einen Basketball und viele Mitspieler. Dieses Spielsystem habe ich von Thomas Cruse, dem ehemalige Vizepräsident des Progressive Fighting Systems, übernommen, der in einem Lehrgang 1996 in München die vielen Vorteile dieses Trainings, wie die Optimierung der Beweglichkeit, herausstellte.

Als meine damalige Partnerin mit dem Tanztraining aufhörte, war ich gerade 17 Jahre alt und suchte nach einer neuen Herausforderung. Dass ich Kampfsport/-kunst trainieren wollte, war klar, nur welche? Also besuchte ich Abend für Abend viele Vereine/Schulen, die Kampfsport/-kunst anboten und sah mir viele unterschiedliche Stile an.

Im Judo stellte ich fest, dass hier der Schwerpunkt auf dem Werfen des Angreifers und dem Bodenkampf liegt. Dafür muss man den Gegner vorher irgendwie zu fassen bekommen. Was macht aber der Judoka, wenn der Angreifer mit kurzen, schnellen Schlägen und Tritten angreift und somit ein Fassen nur schwer möglich ist?

Also habe ich mir ein Karatetraining angesehen. Hier stellte ich fest, dass die Sportler sehr gut im Distanzkampf waren. Schläge und Tritte konnten gut abgewehrt werden und Gegenangriffe wurden mit Dynamik perfekt durchgeführt. Was macht aber ein Karateka, wenn er umklammert wird? Was macht er, wenn er sich in der Bodenlage befindet und jemand auf ihm sitzt? Wie sieht es mit Verteidigungstechniken gegen Faustfeuerwaffen aus?

Auch im Aikidotraining war ich und die Tricks des Meisters, bei dem ich es nicht schaffte, seinen Arm zu beugen oder ihn gar hochzuheben, haben mich total fasziniert. Heute weiß ich, dass es in der Regel eben Tricks sind und kann sie zum Teil auch selbst vermitteln. Es waren allerdings nicht nur die Tricks, die mich begeisterten, sondern auch die Art, wie die Würfe vollzogen wurden.

Allerdings ist mir hier aufgefallen, dass die Partner zum großen Teil extrem runde, weite und langsame Angriffe durchführten. Wenn zum Beispiel ein ausgebildeter Boxer angreifen würde, hätte ich hier große Bedenken, ob es ein Aikidoka schafft, diese Schläge abzublocken bzw. diese runden Abwehrbewegungen durchzuführen. Auch die Verteidigung gegen Schienbeintritte (Low-Kicks), wie sie zum Beispiel im Muay Thai ausgeführt werden, können meines Erachtens im Aikido schlecht abgewehrt werden.

Trotz allem waren und sind all diese Stile für mich bewundernswert und ich kann jeden verstehen, der eine dieser Sportarten trainiert. Mein Fokus lag und liegt jedoch auf der Selbstverteidigung und da sind, meiner Meinung nach, diese Einzelsysteme/-stile, wie schon weiter oben dargestellt, nur bedingt einsetzbar. Auch konnte ich keine effektive Waffenabwehr in diesen Systemen erkennen. Es wurde zwar stellenweise die Waffenabwehr trainiert, jedoch in einer Form, die ich persönlich nicht für realistisch halte.

Was ist denn nun realistisch, wird sich der eine oder andere Leser fragen. Diese Frage stellt sich besonders im Waffenbereich. Ich bin zutiefst davon überzeugt, dass eine waffenlose Verteidigung, gegen einen mit dem Messer ausgebildeten Angreifer, ohne Verletzungen so gut wie unmöglich ist, auch wenn man 20 Jahre Kampfsport trainiert hat. Deshalb heißen für mich die drei besten Regeln im Bereich der Waffenselbstverteidigung:

1. *Schnell weglaufen!*
2. *Schnell weglaufen!*
3. *Schnell weglaufen!*

Weglaufen ist keine Feigheit, sondern Cleverness. Nicht immer bietet sich die Chance, durch rechtzeitige Flucht einem Angriff zu entgehen, daher ist es sinnvoll, Techniken zu erlernen, die es einem ermöglichen, die Wahrscheinlichkeit zu erhöhen, einen solchen Angriff zu überleben. Die besten Prinzipien im Bereich der Waffenabwehr bieten meines Erachtens die philippinischen Systeme/Stile (Arnis, Kali, Eskrima, ...). Im Bodenkampf haben sich Sportarten wie das brasilianische Jiu-Jitsu (z. B. der Familie Gracie oder Machado) oder auch das Luta-Livre empfohlen. Für den Distanzkampf eignet sich das Muay Thai oder Kickboxen.

Optimal wäre ein Mix dieser Sportarten. Vor 20 Jahren war mir dies so im Detail noch nicht bewusst. Ich suchte ein Selbstverteidigungssystem, das mir eine Lösungsmöglichkeit in wirklich allen Distanzen und auch gegen Waffenangriffe bot und das war nun mal das Ju-Jutsu. Das Ju-Jutsu entstand 1969 aus vielen guten Techniken, im Wesentlichen aus den Sportarten Judo, Karate und Aikido. Genaueres findet man im Kapitel „Was ist Ju-Jutsu?".

Ju-Jutsu hatte aber zur damaligen Zeit nicht das Format, das es heute besitzt. Wenn ich von Ju-Jutsu spreche, dann meine ich das Ju-Jutsu des Deutschen Ju-Jutsu-Verbandes e. V. (im Folgenden DJJV genannt), wo ich seit 1997 den Rang eines Großmeisters habe. Es gibt noch einige andere Verbände, die ihr eigenes Ju-Jutsu betreiben, jedoch sind diese meines Wissens nicht Mitglied im Deutschen SportBund und sie haben auch nicht die Mitgliederzahlen wie der DJJV (ca. 60.000).

Das Ju-Jutsu des DJJV wurde im Jahre 2000 neu überarbeitet und hier sind nun unter anderem die Erkenntnisse der philippinischen, brasilianischen und russischen Systeme mit eingegangen. Bernd Hillebrand, 7. Dan Ju-Jutsu, war zu der Zeit der Technische Direktor des DJJV und hat mit einem Team von ihm ausgewählten Ju-Jutsuka dieses neue Programm erarbeitet.

Diese Sportart gehört nun wieder zu den komplettesten und damit effektivsten Systemen, wenn es um eine umfassende Ausbildung in einer Selbstverteidigungssportart geht. Der Vorteil dieser Sportart besteht darin, dass sie immer wieder überarbeitet wird, wenn festgestellt wird, dass sich eine Technik/Übungsform für die Praxis als untauglich erweist. Anders verhält es sich mit traditionellen Sportarten, die auf ihren Techniken/Übungsformen beharren, weil sie irgendwann von einem Meister in einer bestimmten Art gezeigt wurden, obwohl man nach heutiger Erkenntnis weiß, dass sie zum Teil unwirksam oder nicht optimal sind.

Das Ju-Jutsu kann auf Grund der Fülle nur ein paar Techniken/Prinzipien einer anderen Sportart integrieren, sonst würde das Prüfungsprogramm zu groß werden und wäre nicht mehr vermittelbar. Deshalb erweist es sich als sinnvoll, noch einige andere Sportarten zu trainieren, um sich in verschiedenen Bereichen zu spezialisieren. Im Waffenbereich nehme ich seit vielen Jahren Unterricht bei Jeff Espinous, dem Gründer der Sportart Kali-Sikaran und Technischen Direktor der IKAEF, sowie bei dessen Schüler Timm Blaschke. Auch habe ich bei vielen anderen gelernt wie Bob Breen, Mike Inay, Emanuel Hart, Paul Vunak, Thomas Cruse u.v.a. Jeff und Timm sind jedoch die Lehrer, bei denen ich seit Jahren regelmäßig Unterricht nehme.

Mit dem Bodenkampf kam ich das erste Mal 1996 durch Thomas Cruse (1. Dan BJJ und damaliger Vizepräsident PFS) in Kontakt. Im alten JJ-Prüfungsprogramm wurden nur wenige Techniken für den Bodenkampf vermittelt. Tom ist Dan-Träger im Brazilian Jiu-Jitsu und hat mich damals sehr beeindruckt. Nach dieser Begegnung suchte ich dann auch hier nach speziellen Lehrgängen und habe mittlerweile bei einigen Toptrainern lernen dürfen. Unter anderen bei Roy Harris (Dan-Träger im BJJ), August Wallén (Headcoach Shootfighting) und jetzt bei Andreas Schmidt, dem Headcoach der European Luta-Livre Organization, wo ich mittlerweile auch Lehrer bin.

Anfang der 90er Jahre habe ich Bernd Hillebrand (ehemaliger Technischer Direktor des DJJV) zum ersten Mal bei einem Lehrgang im bayerischen Oberhaching kennen gelernt. Er veränderte mein Denken in Sachen Kampfsport damals total. Die Art, wie er referierte und wie er sich als Trainer gab und gibt, begeistert mich noch heute, sodass ich ihn, nicht nur im Bereich des Ju-Jutsu, für mich als persönliches Vorbild sehe. Mittlerweile präsentiert Bernd riesige Mind Maps (Buchtipp: Mind-Maps von Tony Buzan) auf seinen Lehrgängen und es ist für mich immer wieder erstaunlich, wie professionell er vorbereitet ist bzw. wie perfekt er die Inhalte präsentiert. Hier kann ich jedem nur empfehlen, einen seiner Lehrgänge zu besuchen und, wie schon beschrieben, nicht nur auf die Techniken, sondern besonders auf seine Trainingsmethoden zu achten. Der neue jetzige Technische Direktor, Joe Thumfart, ist, meines Erachtens, die optimale Neubesetzung dieses Amtes, nachdem Bernd sich einer erneuten Kandidatur nicht gestellt hat.

Im Bereich des Ju-Jutsu besuchte ich in den letzten Jahren pro Jahr bis zu 18 Lehrgänge, sodass ich von vielen Trainern lernen durfte. Sie hier alle im Einzelnen zu nennen, würde den Rahmen sprengen. Es waren aber viele der erfolgreichen Meister des DJJV dabei.

Auch möchte ich meinen Schülern Alexander Emmering, Swen Harz, Robert Zawis, Gunter Hatzenbühler sowie meinem Freund, Schüler und Trainingspartner Waldemar Wodarz danken, die mir bei den Fotoarbeiten geholfen haben.

Dem Präsidium des DJJV e. V. möchte ich dafür danken, dass ich die Originaltexte aus dem Ju-Jutsu 1*1 für dieses Buch benutzen darf.

All das, was ich die letzten 20 Jahre im Kampfsportbereich erleben durfte, ging nur mit Unterstützung meiner Frau Angelika, die mich diese Leidenschaft in diesem immensen Umfang ausleben lässt.

*Frankenthal, im Oktober 2003, Christian Braun*

## Vorwort des Technischen Direktors des DJJV e. V.

# Expertenwissen perfekt aufbereitet

Ju-Jutsu, das ist die Kunst der modernen Selbstverteidigung.

Im Ju-Jutsu werden die Techniken und Konzepte unterschiedlicher Kampfsportarten verknüpft und weiterentwickelt, um ein effektives System für Selbstverteidigung, aber auch für den Fitness- und Freizeitsport zu bilden. Jeder kann sich hier wieder finden und seinen Weg finden, Sport und Kampfkunst auszuüben.

In den letzten Jahren hat sich diese Kampfkunst erheblich weiterentwickelt und verändert. Elemente aus bisher unbekannten Kampfstilen, neue Erkenntnisse in der Bewegungs- und Sportwissenschaft und die Veränderung des Gewaltverhaltens in der Gesellschaft machten große Veränderungen notwendig, um dem Anspruch gerecht zu werden, ein modernes, vielseitiges System zu betreiben. Unter der Leitung von Bernd Hillebrand, dem ehemaligen Technischen Direktor des DJJV, wurde ein neues Prüfungsprogramm, das die Grundlage für die Ausbildung und das Training in den Vereinen und Sportschulen bietet, entwickelt. Seit dem 01. Januar 2000 ist dieses neue Ju-Jutsu-Programm in Kraft gesetzt worden und seit diesem Zeitpunkt warten Trainer und Aktive auf ein umfassendes Buch dazu. Es könnte an dem hohen Anspruch liegen, der von den Fachleuten an so ein Werk gestellt wird oder an der Vielfältigkeit unseres Systems, dass es fast vier Jahre dauern musste, bis es Christian Braun schaffte, das „neue" System in einem Buch darzustellen.

Christian Braun zeichnet sich in seinem Trainieren und Lernen durch akribische Perfektion aus. Ich habe noch nie einen Budolehrer kennen gelernt, der mit einem solchen Maß an Detailgenauigkeit und Systematik Bewegungsabläufe analysiert, strukturiert und bewertet. Diese Perfektion findet sich in dem vorliegenden Werk wieder. Eine Fülle an Beispielen, in fast 1.000 Bildern visualisiert, gibt jedem Ju-Jutsu-Sportler und Interessierten die Möglichkeit, Techniken und Kombinationen exakt nachzuvollziehen und sie sich dann im Training zu erarbeiten.

So stellt dieses Buch einen wichtigen Schritt für unser Zweikampfsystem dar und wird sicher bald zur Pflichtlektüre für jeden Ju-Jutsuka gehören.

*Karlsruhe, 20. Februar 2004*
*Joachim Thumfart*
*Technischer Direktor und Jugendsekretär DJJV e. V.*
*Assistant Sports Director JJIF*

# Was ist Ju-Jutsu?

*Ju-Jutsu* bedeutet, sinngemäß übersetzt, die hohe Kunst durch Nachgeben zu siegen. Die Wurzel dieses Systems bildet die Kampfkunst Jiu-Jitsu, die von den Samurai als waffenlose Selbstverteidigung praktiziert wurde. Sie bestand im Groben aus Wurf-, Hebel- und Atemitechniken (Schlag- und Tritttechniken). Verschiedene Persönlichkeiten haben aus dem System Jiu-Jitsu einzelne Technikgruppen herausgenommen und neue Kampfsportarten, wie z. B. das Judo (Würfe), entwickelt. So sind viele der Kampfsportarten auf das Jiu-Jitsu zurückzuführen.

Gegen Ende der 60er Jahre des 20. Jahrhunderts wurden hohe Dan-Träger aus verschiedenen Kampfsportsystemen damit beauftragt, eine neue, zeitgemäße Selbstverteidigungssportart zu schaffen. So entstand 1969 die Sportart Ju-Jutsu, die anfangs eine Sparte des Deutschen Judo-Bundes war, bevor der Deutsche Ju-Jutsu-Verband gegründet wurde und somit die Sportart selbstständig wurde. Werner Heim und Franz Josef Gresch gehörten als Mitglieder dieser Kommission an.

*Ju-Jutsu* entstand im Wesentlichen aus den besten Technikelementen der japanischen Sportarten Judo, Karate und Aikido. Dieses System wurde immer wieder geringfügig angepasst, bis es im Jahre 2000 zu einer größeren Änderung kam. Die Sportart Ju-Jutsu lebt seit ihrer Gründung davon, dass effektive Techniken aus anderen Kampfsportarten in das Ju-Jutsu integriert wurden. Waren es früher mehr Techniken aus den japanischen Systemen (Judo, Karate, Aikido, ...), so gewannen im Jahr 2000 auch philippinische Systeme wie Kali, Arnis oder Eskrima im Waffenbereich und russische (Sambo), brasilianische (Brazilian Jiu-Jitsu und Luta-Livre) im Bereich „Übergang Stand-Boden" und „Bodentechniken" an Einfluss. Die Kettenfauststöße, der Stoppfußstoß, die Abwehrfolge im Dreier-Kontakt (Hubud) und die Weiterführung nach abgewehrter Atemitechnik (in der Fachsprache der entsprechenden Sportarten **Trapping** genannt) kamen aus dem Wing Tsun (auch andere Schreibweisen), Jeet Kune Do oder auch Kali. Der Schienbeintritt (Low-Kick) kommt aus dem Muay Thai und ist ebenfalls eine sehr effektive Technik. Auch Übungsformen aus dem Boxen und Kickboxen haben Einzug gehalten.

Alles in allem bietet das aktuelle Ju-Jutsu-Prüfungsprogramm, das unter der Regie des ehemaligen Technischen Direktors, Bernd Hillebrand, entstand, ein sehr effektives und gut durchdachtes Selbstverteidigungssystem.

Bruce Lee sagte einmal: „Absorb what is useful" (Benutze bzw. nimm auf, was anwendbar ist), unter diesem Gedanken scheint das Ju-Jutsu seit seiner Gründung zu wachsen. Ju-Jutsu deckt den Kampf über alle Distanzen (Kick-, Box-, Trapping-, Wurf- und Bodendistanz) ab, gibt Lösungen für die Überbrückung der Distanzen und die Verteidigung gegen Waffenangriffe (Pistole, Stock und Messer). Es gilt als Ausbildungsbestandteil der Polizei und des Bundesgrenzschutzes. Außerdem ist es weit verbreitet und kostengünstig zu erlernen. Es besteht die Möglichkeit, eine qualifizierte und kostengünstige Übungsleiter-/Trainer-/Lehrerausbildung zu absolvieren. Nach dem Erlangen der Trainer-A-Lizenz besteht die Möglichkeit, sich für ein Studium zum Diplomtrainer zu bewerben. Im Bereich der Jugendarbeit wird sehr viel getan. Auch hier findet eine qualifizierte Jugendleiterausbildung statt.

Regelmäßig werden für Kinder und Jugendliche attraktive mehrtägige Lehrgänge (z. B. in Verbindung mit Skifreizeiten) angeboten. Eine geeignete Trainingsstätte kann man unter der Homepage des Deutschen Ju-Jutsu-Verbandes www.ju-jutsu.de finden. Hier gibt es eine Seite mit einer Deutschlandkarte, auf der man einen entsprechenden Landesverband per Mausklick auswählen kann. Dort erhält man dann in der Regel weitere Informationen über Vereine und deren Ansprechpartner. Auf der Seite des DJJV findet man auch weitere Informationen über den Bereich der Jugendarbeit.

Sie können sich aber auch direkt an mich wenden und eine E-Mail schreiben an:

*christian.braun@optimale-selbstverteidigung.de* .

# Etikette

Die Etikette gliedert sich in vier große Bereiche:

- Verhalten im Dojo
- Disziplin
- Sauberkeit
- Loyalität

Nachdem ein an der Sportart Ju-Jutsu oder an einer Selbstverteidigungssportart Interessierter die Information erhalten hat, wo und wann ein Ju-Jutsu-Training stattfindet, kommt er beim Betreten des Übungsraums (im Folgenden *Dojo* genannt) zum ersten Mal mit der Etikette in Berührung.

Beim Betreten des Dojos verbeugt sich der Trainierende das erste Mal. Er bringt damit zum Ausdruck, dass er die Regeln des Dojos akzeptiert und mit einem „reinen Geist" zum Training kommt.

Im Dojo versammeln sich die Schüler und Meister. Wenn ein Wurftraining stattfindet oder ein Partner bei den Übungen in die Bodenlage gebracht wird, ist es meist sinnvoll, die Übungsmatten aufzubauen. Dies sollte von allen am Training Teilnehmenden (Schülern und Meistern) gemeinsam getan werden. Ein Zuspätkommen zum Training ist zu vermeiden. Sollte es doch einmal vorkommen, so sollte der Betroffene kurz zu seinem Trainer gehen, sich verbeugen, sich für die Verspätung entschuldigen und dann nach Zustimmung des Trainers am Trainingsbetrieb teilnehmen.

Aber gehen wir noch einmal einen kleinen Schritt zurück. Die Matte wurde im besten Fall von allen gemeinsam aufgebaut. Nun betritt zuerst der Trainer die Matte. Sofern er den schwarzen Gürtel trägt, kann er mit *Sensei* (steht im Japanischen für Lehrer bzw. Trainer) angesprochen werden. In manchen japanischen Kampfsportarten wird erst der Großmeister (ab 5. Dan) mit *Sensei* angesprochen. Andere haben auch andere Titel wie *Renshi*, *Kyoshi* oder Ähnliche. Im Ju-Jutsu innerhalb des Deutschen Ju-Jutsu-Verbandes (im Folgenden DJJV genannt) werden diese Titel nicht vergeben.

Wird in einem Dojo großer Wert auf die Einhaltung der Etikette gelegt, so wird der *Sensei* niemals mit Vornamen angesprochen. Auch sollte in diesem Fall ein Mindestabstand von ca. 1 m zum *Sensei* eingehalten werden, wenn man ihn anspricht.

Zuvor kommt selbstverständlich eine Verbeugung. Sollte der *Sensei* einem Schüler die Ehre geben, ihn als Vorführpartner auszuwählen, so kniet der Schüler sofort auf ein Knie ab, sobald der *Sensei* eine Erklärung an die Gruppe abgibt. Wenn der Schüler merkt, dass der *Sensei* wieder eine Technik demonstrieren möchte, so steht er auf, verbeugt sich und wartet auf Anweisungen.

Ich selbst bin nicht sehr traditionell eingestellt und bei mir in meinem Dojo ist es normal, dass mich alle mit dem Vornamen ansprechen. Das sollte jedoch jeder *Sensei* für sich und sein Dojo selbst bestimmen. Wenn ich in ein fremdes Dojo gehe, ist es selbstverständlich, dass ich mich an die vorgegebenen Regeln halte.

Nachdem der *Sensei* die Matte betreten hat, folgen die anderen Meister und Schüler. Sobald beide Füße auf der Matte sind, erfolgt ein kurzes Verbeugen. Damit zeigt man an, dass man sich auf das Trainieren vorbereitet hat und versucht, sein Bestes zu geben. Das Gleiche erfolgt beim Verlassen der Matte.

Bevor es aber losgeht, stellen sich der *Sensei*, die Schüler und Meister wie folgt auf: In der Mitte der Matte steht der *Sensei*. Vor ihm stehen die Schüler und links von ihm die Meister. Sie stehen nach Rangfolge geordnet. Im Bereich der Schwarzgurte (Dan-Träger) hat es sich in der Regel so eingespielt, dass hier die Dan-Träger nicht in der Rangfolge stehen müssen, zudem viele Dan-Träger keine „Balken" zur Erkennung ihres Grades auf dem schwarzen Gürtel haben. Im Schülerbereich ist es jedoch ganz klar, dass zuerst die Braun-, danach Blau-, Grün-, Orange-, Gelb- und zum Schluss die Weißgurte stehen. Zu Beginn und Ende jedes Trainings wird an- bzw. abgegrüßt. Dies kann im Stehen oder auch im Knien erfolgen. Sollte der *Sensei* z. B. aus Zeitgründen im Stand angrüßen, so gibt er dem Höchstgraduierten bzw. den an erster Stelle Stehenden ein kurzes Zeichen. Dieser grüßt den *Sensei* mit dem Worten: „Sensei ni rei" an. Der *Sensei* sowie die Meister und Schüler haben die Arme an der jeweiligen Körperseite nach unten hängen, die Handflächen liegen auf der Hosennaht. Nun ziehen sie das linke Bein zum rechten Bein und machen eine kurze Verbeugung. Danach kann es mit dem Trainingsbetrieb losgehen. Dieses Ritual ist in vielen Dojos geringfügig unterschiedlich.

Traditioneller und auch aufwändiger ist das Angrüßen mit Abknien, was ich persönlich aber auch sehr gerne mache, weil ich die Zeit dazu nutze, um mich ganz auf das kommende Training zu konzentrieren oder das gegebene Training ausklingen zu lassen. Der *Sensei* gibt kurz das Kommando: „Seisa." Wenn es nun ganz traditionell sein soll, dann dreht er sich leicht nach rechts und kniet auf dem linken Knie ab. Das seitliche Abdrehen hat historische Gründe. Früher trugen die Samurai schwere Rüstungen. Wenn sie sich einfach nach vorn hingekniet hätten, wären sie seitlich umgefallen. Das linke Bein wird zuerst genommen, da die Samurai das Schwert auf der linken Seite trugen. Sollte der Gegner, der sich ihnen bei einer Beredung gegenüber befunden hat, sein Schwert ziehen, so waren sie jederzeit bereit, dies auch zu tun. Nach dem linken Bein folgt nun das Rechte. Die Zehen sind dabei auf dem Boden aufgesetzt. Der *Sensei* senkt nun das Gesäß, als wollte er sich auf die Fersen setzen, hebt es nach dem Erreichen der Endstellung wieder kurz an, um die Füße nun flach auf den Boden zu legen und sich abzusetzen. Erst jetzt kommen die Meister und Schüler an die Reihe. Im DJJV setzen sie sich gemeinsam ab. In anderen japanischen Sportarten, wie z. B. in manchen Jiu-Jitsu-Organisationen, erfolgt das Anknien der Reihe nach: vom Höchst- zum Niederstgraduierten.

Der an vorderster Stelle Kniende gibt das Kommando: „Mokuso." Nun schließen alle die Augen und bereiten sich mental auf das Training vor bzw. beim Abgrüßen lässt man die Trainingseinheit noch einmal kurz Revue passieren. Nach ca. einer Minute gibt die gleiche Person das Kommando: „Mokuso jea mei (kurze Pause). *Sensei* ni rei." Der erste Teil beendet die Konzentrationsphase und der zweite Teil grüßt den Lehrer.

### Angrüßen mit Abknien

Nun verbeugen sich *Sensei*, Meister und Schüler. Zuerst wird die linke Hand nach vorn leicht schräg (d. h. ca. 45° nach links vorn) auf der Matte positioniert. Die linke Hand wieder deshalb, damit der Samurai mit der rechten Hand im Notfall noch das Schwert ziehen konnte. Danach folgt die rechte Hand. Wenn beide Handflächen (eigentlich sind es eher die Finger) sich auf der Matte befinden, folgt ein kurzes, gegenseitiges Verbeugen, dabei beobachtete der Samurai jedoch immer sein Gegenüber und ließ ihm keine Gelegenheit, ihn mit einem Angriff zu überraschen. Nun wird wieder die rechte Hand zum rechten Oberschenkel geführt (aus dem gleichen Grund, wie oben beschrieben), dann die linke Hand auf den linken Oberschenkel. Der *Sensei* hebt sein Gesäß kurz an, stellt die Zehen wieder auf den Boden, senkt das Gesäß noch einmal kurz, bevor er sein rechtes Bein

zuerst schräg nach rechts vorn aufstellt. Es folgt das linke Bein. Sobald der *Sensei* richtig steht und erst dann, vollziehen auch die übrigen Meister und Schüler dieses Ritual. Es folgt im Stand eine kurze Verbeugung, bei der die Teilnehmer das linke Bein an das rechte Bein heranziehen. Danach kann die Trainingseinheit beginnen bzw. endet das Training.

Eine weitere Verbeugung erfolgt, wenn man mit einem Partner zusammengeht, um z. B. eine gemeinsame Übung durchzuführen. Hier symbolisiert dieses Verneigen den Respekt voreinander und teilt ihm mit: „Danke, dass du mit mir übst bzw. dass du mit mir geübt hast."

**Fußhaltung während des Angrüßens mit Abknien**

Der zweite große Bereich ist für mich die „Disziplin".

Wichtig ist hier vor allem das Bestreben des Schülers, pünktlich zu erscheinen bzw. sich zu entschuldigen, falls er es nicht rechtzeitig zum Trainingsbeginn geschafft hat. Auch sollte er das Training nicht vorzeitig verlassen, sondern mit allen anderen die Übungsmatten abbauen. Ein weiterer Punkt ist die regelmäßige Teilnahme am Training. Als Trainer fällt es mir oft sehr schwer, pünktlich zum Training zu erscheinen, doch ich setze alles daran, dass es klappt. Wenn dann nur wenige Schüler da sind und dann noch einer sagt, dass er im Moment keine Lust hat, frage ich mich oft, was aus der Etikette geworden ist. Es hat sich in den letzten 20 Jahren so einiges geändert. Oft sehen die Sportschulen-/Vereinsmitglieder den *Sensei* nicht als Respektsperson, sondern als günstigen Animateur an, dessen Übungseinheiten sie nutzen können oder auch nicht. Trotz allem Wandel, hat sich in diesem Punkt gegenüber früher jedoch nicht viel verändert. Ein Schüler, der den *Sensei* nicht respektiert, braucht sich nicht zu wundern, von ihm nicht mehr trainiert zu werden.

Manche *Sensei* behalten die Pässe ihrer Schüler. Wenn ein Schüler zu einem Lehrgang möchte, muss er den *Sensei* fragen, ob es für ihn in Ordnung ist und falls ja, meldet ihn der *Sensei* zum Lehrgang an. Eine Ablehnung ist bei einem traditionell eingestellten *Sensei* nicht zu hinterfragen, sondern zu akzeptieren. In meinem Dojo können die Schüler in der Regel zu allen Lehrgängen gehen. Anmeldungen zu Prüfungen müssen auch über den *Sensei* laufen. Im DJJV ist eine Anmeldung zu einer Prüfung nur über den *Sensei* bzw. den Sportschulen-/Vereinsvertreter möglich. In anderen Sportarten, wie z. B. Kali, können sich die Sportler selbst zur Prüfung anmelden. Wenn ein *Sensei* bzw. im Kali ein *Guro*, einem Schüler sagt, er solle nicht zur Prüfung gehen und dieser meldet sich trotzdem an, so ist dies ein Beweis, dass das Verhältnis zwischen *Sensei* und Schüler gestört ist. In diesem Fall wird sich der Schüler wahrscheinlich einen neuen *Sensei* bzw. *Guro* suchen müssen.

Während der Trainingseinheit sollte mit Ruhe und Konzentration trainiert werden. Der Partner sollte immer mit Respekt behandelt und die Techniken mit Kontrolle ausgeführt werden. Übt ein Schüler einmal nicht, so setzt er sich in dieser Zeit still am Mattenrand ab. Gibt der Partner bei einer Übung durch „Abklopfen" oder Rufen zu verstehen, dass er aufgibt bzw. dass er Schmerzen hat, so ist der Griff sofort zu lösen bzw. die Technikfolge abzubrechen. Ein Herumliegen eines Schülers auf der Matte ist nicht zu akzeptieren und kann mit einem Trainingsausschluss bestraft werden.

Anweisungen des *Senseis* sind unbedingt Folge zu leisten. Weiterhin hat ein Schüler (auch als Dan-Träger) gegenüber einem anderen jegliche Belehrungen zu unterlassen, außer, wenn er vom *Sensei* direkt beauftragt wurde. Die vorgegebenen Übungen sind durchzuführen. Andere Übungen, die der Schüler gerne machen möchte, sollte er unterlassen. Sollte ein Schüler die Halle verlassen müssen (Gang zur Toilette, Verletzung, dringendes Telefonat), so gibt er dem *Sensei* kurz Bescheid. Grundsätzlich sollten Handys während einer Trainingseinheit ausgeschaltet bleiben. In dringenden Fällen (Bereitschaftsdienst, eventueller Anruf vom Babysitter) wird der *Sensei* mit Sicherheit Verständnis für die Situation haben.

Wird eine Technik demonstriert, so positioniert sich der Schüler so, dass er alles mitbekommt. Sprüche zum *Sensei* wie: „Dreh dich mal um", sind zu unterlassen und kommen bei den meisten nicht besonders gut an. Besonders, wenn der Schüler zu diesem Zeitpunkt noch auf der Matte liegt und vielleicht noch dazu Kaugummi kaut. Jegliches Essen während einer Trainingseinheit ist zu unterlassen. Außer, wenn dies durch eine Krankheit, wie z. B. Zuckerkrankheit, erforderlich ist.

Manche *Sensei* akzeptieren auch nicht, dass während ihrer Einheit getrunken wird. Andere erlauben es, es sollte jedoch nicht auf der Matte stattfinden. Während er trinkt, sollte der Trainierende mit dem Rücken zur Matte stehen. Ich selbst richte in meinem Training kurze Trinkpausen ein oder gebe rechtzeitig Bescheid, wenn die Gruppe nach Belieben etwas trinken gehen kann. Bei manchen Übungen wirkt es jedoch störend, wenn die Trainierenden ständig von der Matte gehen, sodass ich in diesen Fällen die Trinkpausen vorgebe. Besonders in den Sommermonaten halte ich es für sehr wichtig, ausreichend zu trinken, deshalb lege ich auf diesen Punkt der Etikette nicht besonders großen Wert.

Im dritten Bereich geht es um die Sauberkeit. Nicht nur die Kleidung sollte sauber sein, sondern auch der Körper. Auch hierzu fällt mir eine kurze Geschichte ein. Ich hatte einen Schüler, der trug immer einen leicht gelben Gi (Anzug für Ju-Jutsu, Judo, Karate, ...). Nach ein paar Monaten kam dieser Schüler mit einem weißen Anzug zum Training. Ich fragte ihn, ob er sich einen neuen Anzug gekauft hätte und er verneinte dies mit dem Zusatz, dass er seinen Gi gewaschen hätte. Da fragte ich vorsichtig nach, wie oft er denn den Gi waschen würde und er sagte mir, dass er dies alle 2-3 Monate tun würde. Der Gi ist nach einer Trainingseinheit gefüllt mit Schweiß und ist deshalb nach jedem Training zu waschen. Sollte ein Anfänger nur einen Gi haben und in der Woche mehrere Trainingstage absolvieren, so sollte er den Gi zumindest am Wochenende waschen, damit dieser dann für die Einheiten der nächste Woche wieder frisch ist. Wenn die Trainingseinheit körperlich nicht anspruchsvoll war, kann der Gi noch einmal getragen werden. Ich selbst trage meinen Gi in der Regel nur einmal. Meine Frau meint deshalb scherzhaft, das wenn Sie noch mal vor der Wahl eines Partners stehen würde, sie sich einen Schwimmer als Mann suchen würde, weil die Badehose nicht gebügelt werden muss und auch das Waschen und Aufhängen der Kleidung um ein Vielfaches einfacher wäre.

Es ist vorgegeben, dass der Ju-Jutsu-Gi weiß sein muss. Frauen sollten ein weißes T-Shirt darunter tragen. Männer tragen kein T-Shirt. Mir persönlich ist es egal, ob in meinen Einheiten ein männlicher Teilnehmer ein T-Shirt trägt, bei den Wettkämpfen ist dies jedoch verboten. Gerade in den Wintermonaten ist es oft sehr kalt und da habe ich Verständnis dafür, wenn auch männliche Teilnehmer ein T-Shirt unter der Gi-Jacke tragen. Es wird meines Erachtens mittlerweile toleriert, dass bei mehrtägigen Veranstaltungen, wie z. B. auf dem Bundesseminar des DJJV ordnungsgemäß, d. h. in korrekter Kleiderordnung angegrüßt und genauso am letzten Tag ordnungsgemäß abgegrüßt wird. In den Einheiten dazwischen steht es dem Referenten frei, hier Auflagen zu machen. Wenn keine Würfe in der Einheit stattfinden bzw. für die Ausführung der Würfe kein Gi benötigt wird, kann bei vielen Referenten auch mit einem T-Shirt und einer Hose trainiert werden.

Auch auf die Farben des Gis/der Hose (blau, schwarz, manchmal sogar grün und rot) wird von vielen Referenten innerhalb der Zwischeneinheiten kein großer Wert gelegt. Ich persönlich finde diese lockere Handhabung sehr gut. Andere wiederum legen großen Wert auf die Etikette und möchten, dass zu jeder Zeit in korrekter Kleidung trainiert wird. Deshalb sollte der Trainierende vorher den *Sensei* fragen, ob er von der Kleiderordnung abweichen könne. Auch einige *Sensei* tragen mittlerweile einen blauen Gi in ihren Einheiten, oft mit der Begründung, dass man gleich erkennen kann, wo er sich auf der Matte befindet. Es entspricht jedoch nicht der offiziellen Regelung und wird zur Zeit nur geduldet. Weiterhin ist darauf zu achten, dass außer dem Hersteller des Gis und dem Abzeichen der Kaderzugehörigkeit und eventuell des Landesverbandes keine Aufnäher den Anzug zieren. Genaueres ist in der Kleiderordnung im Ju-Jutsu 1*1 geregelt. Es sollten auf alle Fälle keine Aufnäher auf dem Gi sein, die eine politische Meinung wiedergeben.

Nicht nur Anzug und Gürtel, sondern auch der Körper sollte sauber sein. Es ist üblich, dass der Trainierende sich vor Betreten der Matte die Füße wäscht bzw. die Matte nur mit geeigneten und sauberen Schuhen betritt. Mattenschuhe werden von vielen noch immer nicht gerne gesehen. Es gibt jedoch Gründe, die für Mattenschuhe sprechen.

Bei Zuckerkranken heilen verletzte Füße unter Umständen sehr schlecht. Wenn Dornwarzen vorliegen, wäre eine Teilnahme am Training nicht möglich, da die Ansteckungsgefahr zu groß ist. Bei Verletzungen der Zehen ist ein Training mit einem Schuh möglich, ohne eher schwierig.

Mit dem neuen Prüfungsprogramm haben Techniken der philippinischen Kampfkünste (Arnis, Kali oder Eskrima) Einzug gehalten. Wurde vor ca. 20 Jahren noch mit einem Gummimesser trainiert, so ist dieses Übungsmittel vielleicht noch im Duo-Wettkampf (weniger Verletzungen) einzusetzen.

Ein Gummimesser lässt sich schwer bzw. gar nicht aus der Hand des Übungspartners heraushebeln. Dazu verwendet man heute Aluminiummesser, eventuell auch Holzmesser. Es ist zum Teil ziemlich unangenehm, wenn ein Aluminiummesser auf den Fuß fällt, deshalb tragen z. B. Sportler, die die philippinischen Systeme trainieren, oft Ringerstiefel. Diese Mattenschuhe sieht man seit ein paar Jahren unter anderem auf vielen Ju-Jutsu-Veranstaltungen. Es ist sinnvoll, auch in diesem Fall vor dem Trainingsbeginn mit dem *Sensei* abzuklären, wie seine Einstellung dazu ist bzw. ob er es genehmigt.

Hand- und Fußnägel sollten so geschnitten sein, dass der Übungspartner nicht verletzt wird. Frauen sollten sich vor dem Training abschminken bzw. dafür Sorge tragen, dass die Schminke nicht den Anzug des Übungspartners verunstaltet. Ich selbst hatte einmal große Probleme, nach einer Übung mit einer stark geschminkten Teilnehmerin, die Farbenpracht wieder aus meinem Anzug zu bekommen. Auch neue, farbige Anzüge sollten erst ein paar Mal gewaschen werden, bevor sie im Training getragen werden, da auch sie auf helle Anzüge abfärben können. Auch hier habe ich schon die tollsten Ergebnisse gesehen. Schmuck sollte am besten zu Hause gelassen werden. Ist es nicht möglich, den Schmuck auszuziehen, weil z. B. ein Ohrring frisch gestochen wurde, so sollte er abgeklebt werden. Trotz dem Abkleben bleibt ein erhöhtes Verletzungsrisiko. Der *Sensei* wird hier vorgeben, wie zu verfahren ist. Manche *Sensei* werden darauf bestehen, dass der Trainierende so lange mit dem Training aussetzt, bis der Ring wieder während der Übungseinheit entfernt werden kann. Im Bereich des Bodenkampfs besteht für die Ohren eine große Verletzungsgefahr, wenn ein Ohrring getragen wird, insofern lässt sich eine ablehnende Haltung eines *Senseis* gut nachvollziehen.

Der letzte und vierte Bereich ist die Loyalität gegenüber dem Trainer, Verein und Sportfachverband. Wird ein anderer Kampfkunstverband vom DJJV zum Konkurrenzverband erklärt, so wird von einem Mitglied des DJJV erwartet, dass er von Veranstaltungen des anderen Verbandes fern bleibt. Ansonsten könnte es sein, dass er mit Konsequenzen rechnen muss. Ein Schüler sollte immer daran denken, von wem er etwas gelernt hat und zu seinem Trainer bzw. seinen Trainern stehen. Es ist, wie schon oben beschrieben, nicht üblich, dass sich Schüler allein zu Lehrgängen anmelden. Hier ist es laut Etikette normalerweise so geregelt, dass der Schüler das Einverständnis des Trainers einholt. Das Gleiche gilt für die Teilnahme an einer Prüfung oder für die Teilnahme an einer Trainingseinheit in einem anderen Verein/Schule. Ein klärendes Gespräch im Vorfeld mit dem *Sensei* hilft auch in diesem Fall, Differenzen zu vermeiden.

Viele der beschriebenen Dinge sind für einen rein auf Freizeitsport eingestellten Menschen nicht nachvollziehbar bzw. akzeptierbar. Kampfsport, ob er japanischer, philippinischer oder spanischer Herkunft (Aufzählung ist nur beispielhaft) ist, hat nun mal andere Regeln. Wobei viele Dinge bei anderen Sportarten auch zu finden sind. Zum Beispiel stellen sich die Fußballer bei einem Länderspiel in einer Reihe auf und nachdem die Nationalhymne gespielt wurde, geben sich die Spieler die Hand, bevor sie mit dem Spiel beginnen. Auch dies ist eine Art Etikette. Unregelmäßige oder verspätete Teilnahme am Training wird in vielen Bereichen geahndet.

Die meisten Kampfsporttrainer werden, im Vergleich zu anderen Sportarten, sehr schlecht für ihre Leistungen vergütet, deshalb erwarten sie von einem Schüler, dass er zumindest die Disziplin hat und regelmäßig zum Training kommt, lernbereit ist und versucht, besser zu werden.

Als *Sensei* nehme ich oft Probleme, die im Training nicht gelöst werden konnten (z. B. ein Schüler war nicht in der Lage, eine bestimmte Technik auszuführen), mit „ins Bett". Irgendwann in der Nacht habe ich die Lösung für das Problem gefunden und würde am liebsten mit dem Schüler wieder ins Dojo fahren, um den Fehler zu beheben.

Das Verhältnis zwischen einem *Sensei* und einem „richtigen" Schüler ist wie ein Vater-Sohn- bzw. Vater-Tochter-Verhältnis. Nach ein paar Trainingsjahren werden die „Kinder" erwachsen und haben eigene Ideen, die sie auch im Training umsetzen wollen. Nur sollte der „junge Erwachsene" vorher mit dem „Vater" reden, damit es nicht zu Differenzen kommt.

# TECHNISCHER TEIL

## 5. Kyu (Gelbgurt)

### Einleitung

Wurde noch im alten Ju-Jutsu-Prüfungsprogramm (vor dem Jahr 2000) die komplette Fallschule und die kompletten Aktivblöcke vermittelt und geprüft, so wird im aktuellen Programm nur noch auf das Wichtigste Wert gelegt. Die Fallschule wurde auf drei Gürtelgrade verteilt und die Aktivblöcke wurden in den Orangegurt (4. Kyu) verschoben, da zu deren erfolgreichem Einsatz ein gewisser Reflex vorhanden sein sollte. Im Gelbgurt blieb im Bereich der „Fallschule" der Sturz seitwärts übrig. Dabei handelt es sich um den Sturz, der am häufigsten vorkommt.

Statt der oben erwähnten Aktivblöcke kamen die Passivblöcke. Sie unterstützen den natürlichen Reflex des Menschen, der einen Arm schützend vor den Kopf oder Körper hält, falls jemand versucht, ihn mittels Schlag oder Tritt zu verletzen. Anstatt des Hüftwurfs, der nun auch erst im Orangegurt vorkommt, hat das Beinstellen Einzug gehalten. Zum einen ist diese Technik leicht erlernbar (mancher Erwachsener hat sie schon als Junge auf dem Schulhof mehr oder weniger erfolgreich eingesetzt), zum anderen ist es für den Fallenden auch nicht so schwierig, sich abzufangen, als wenn er wie beim Hüftwurf über den Rücken geworfen wird. Für den Gelbgurt wird als Stellung die *Verteidigungsstellung* vermittelt. Im alten Prüfungsprogramm hieß diese noch *neutrale Kampfstellung*. Grundlegende Bewegungsformen wie das Ausweichen und die Schrittdrehungen werden ebenfalls vermittelt.

Seit ein paar Jahren werden Kämpfe ohne (oder mit nur wenigen) Regeln ausgeführt. Bei diesen Wettbewerben treten Kämpfer unterschiedlicher Stile gegeneinander an. Ein Fazit dieser Kämpfe war, dass ein Kämpfer ohne eine qualifizierte Ausbildung im Bodenkampf nur eine geringe Erfolgschance hatte. Der Bodenkampf ist die Spezialität des Gracie Jiu-Jitsus. Auf Grund der Wichtigkeit der Fähigkeiten im Bodenkampf haben viele Kampfsportsysteme ihr Programm um diese Techniken erweitert. Auch Sportarten wie das Wing Tsun (oder andere Schreibweisen) haben zumindest einen „Antibodenkampf" eingeführt, obwohl hier früher davon ausgegangen wurde, dass ein ausgebildeter Kämpfer nicht in die Bodenlage gerät.

Das Ju-Jutsu folgte diesen Entwicklungen und so zieht sich nun ein roter Faden im Bereich des Bodenkampfs (Fixieren, Befreien, Einsatz finaler Abschlusstechniken) durch das aktuelle Prüfungsprogramm. Bodenspezialisten aus dem Judo, Brazilian Jiu-Jitsu, Sambo und Luta-Livre haben hier ihr Wissen einfließen lassen. Im Bereich des Gelbgurts wird dem Schüler vermittelt, wie er einen Angreifer in der Bodenlage fixieren kann bzw. wie er auf Bewegungen des Angreifers mit Gewichtsverlagerungen reagieren kann.

Weiterhin werden erste Hebel- und Atemitechniken (Schlag- und Trittechniken) vermittelt. Eine dieser Techniken, die nicht im alten Prüfungsprogramm vorkam, ist der Stoppfußstoß, eine sehr effektive Technik, die einen Angriff im Ansatz stoppen kann. Sie ist unter anderem auch im Wing Tsun (auch andere Schreibweisen) zu finden.

Ein weiterer Bereich führt den Schüler im Laufe seiner Ausbildung langsam an den echten Kampf heran. Im Bereich der „freien Anwendungsformen" wird Prüfung für Prüfung die Komplexität erhöht, bis sich für die Prüfung zum Schwarzgurt zwei Prüflinge mit Würfen, Schlag- und Trittechniken im Stand und Boden einem Übungskampf unterziehen. Für die Prüfung zum Gelbgurt wird die erste dieser Übungsformen im Stand mit offenen Händen ausgeführt. Ziel ist es, den Partner mit der flachen Hand zu treffen (ohne Wirkungstreffer zu erzielen), sich effektiv zu bewegen und zu verhindern, selbst getroffen zu werden.

Viele der hier ausgewählten Kombinationen sind sehr anspruchsvoll für einen Gelbgurt. Ich selbst vertrete jedoch die Philosophie, möglichst früh effektive Techniken zu vermitteln, auch wenn die Kombinationen zur Darstellung dieser Techniken manchmal sehr komplex sind. Es sind einige, vom Bewegungsablauf einfachere Kombinationen vorhanden, sodass, je nach Talent und/oder Vorkenntnis des Schülers, das Geeignete ausgewählt werden kann.

Grundsätzliches: Im Folgenden wird der Verteidiger mit „V" und der Angreifer/ Gegner mit „A" abgekürzt.

# 1 Stellungen

## 1.1 Verteidigungsstellung

# 2 Bewegungsformen (Sabaki)

## 2.1 Auslagenwechsel

- Nach vorn

- Auf der Stelle

- Ausgangsstellung

- Nach hinten

## 2.2 Meidbewegungen

### 2.2.1 Auspendeln

• Nach hinten

• Zur Seite

2.2.2 Abducken

2.2.3 Abtauchen

## 2.3 Gleiten

Rückwärts

Seitwärts

Ausgangsposition

Vorwärts

## 2.4 Körperabdrehen

## 2.5 Schrittdrehungen

2.5.1 Schrittdrehung 90°

- Rückwärts
- Ausgangsstellung
- Vorwärts

2.5.2 Schrittdrehung 180°

- Vorwärts
- Rückwärts

# 3 Falltechniken (Ukemi)

## 3.1 Sturz seitwärts (Yoko-ukemi)

# 4 Bodentechniken (Ne-waza)

## 4.1 Haltetechnik in seitlicher Position (Kesa-Gatame)

- Gegner in Rückenlage, Verteidiger befindet sich seitlich zu ihm.
- Ein Arm kontrolliert den körpernahen Arm des Gegners.
- Ein Arm kontrolliert den Kopf bzw. den anderen Arm.
- Das unten liegende Bein kontrolliert die körpernahe Schulter.
- Durch Gewichtsverlagerung wird der Gegner belastet.

## 4.2 Haltetechnik in Kreuzposition (Yoko-shio-gatame)

- Gegner in Rückenlage, Verteidiger liegt quer dazu auf dessen Körper.
- Beide Arme kontrollieren Kopf und/oder Arme des Gegners.
- Durch Gewichtsverlagerung wird der Gegner belastet.

## 4.3 Haltetechnik in Reitposition (Tate-shiho-gatame)

- Gegner in Rückenlage. Verteidiger befindet sich im Reitsitz auf dessen Körper.
- Beide Arme kontrollieren Kopf und/oder Arme des Gegners.
- Knie und Füße blockieren die gegnerische Hüfte.
- Durch Gewichtsverlagerung wird der Gegner belastet.

# 5 Ju-Jutsu-Techniken (weit gehend) in Kombination

Die folgenden Techniken müssen vom Prüfling weit gehend in Kombination gegen je einen Angriff nach freier Wahl demonstriert werden.

## 5.1 Drei passive Abwehrtechniken mit dem Unterarm (Uke-waza)

- Der nahe, an Kopf oder Körper verriegelte Unterarm schützt die jeweilige Körperpartie beim Auftreffen des Schlags.
- Die Abwehrtechnik ist mit passender Bewegungsform zu verbinden.

### 5.1.1 In Kopfhöhe (außen)

1. V führt mit links einen Passivblock nach oben außen aus.
2. Der linke Arm wird über den Schlagarm von A geführt und in den Lendenbereich von A gestemmt und die rechte Hand führt von unten nach oben einen Handballenschlag aus.

3. V führt zuerst einen Ausfallschritt 45° nach links vorn aus und bringt A mittels Beinstellen zu Boden. Dabei stellt V sein rechtes Bein hinter As rechtes Bein und mittels einer Körperdrehung und Druck mit der rechten Hand von unten gegen den Kiefer von A kommt dieser nach hinten zu Fall.
4. Mit einem Armriegel (Armstreckhebel) von innen als Festleger am Boden beendet V die Kombination. Dabei kniet V mit beiden Knien auf A ab. Das linke Knie ist auf dem Hals und das rechte Knie auf der Oberkörperseite.

1. V führt mit links einen Passivblock nach oben außen aus.
2. V bringt den Schlagarm mittels Dreier-Kontakt nach oben innen: Zuerst die rechte Hand unter den rechten Arm von A führen.
3. Mit rechts den rechten Arm von A nach innen leiten und das rechte Handgelenk erfassen, den linken Unterarm positioniert V auf As rechtem Ellenbogen
4. und bringt A mit Armstreckhebel zum Boden.
5. V stellt linkes Knie zwischen die Schulterblätter von A und führt einen Handdrehbeugehebel als Festleger aus.

1

2

3

4

5

1
2
3
4
5

1. V führt mit links einen Passivblock nach oben außen aus und gleichzeitig einen Handballenstoß mit rechts zum Kinn.
2. Gefolgt von einer Variation der Doppelhandsichel (Beingreifer), wie sie zum Beispiel im Luta-Livre unterrichtet wird: V kniet mit dem rechten Bein vor A und hat das linke Bein neben As rechtem Bein aufgestellt. V umklammert beide Beine von A in Höhe der Kniekehlen und zieht die Beine von A so zusammen, dass sie in der X-Form stehen.
3. Durch Druck gegen die Beine bringt V A nach hinten zu Fall
4. und begibt sich sofort in die Kreuzposition.
5. Mit einem Armbeugehebel beendet er die Kombination.

### 5.1.2 In Höhe der Körpermitte (außen)

1. V steht in der Verteidigungsstellung und hat beide Arme angehoben.
   A führt mit rechts einen Schlag zu den kurzen Rippen aus und V zieht den linken Arm nah an den Körper (Passivblock nach unten außen), um die kurzen Rippen zu schützen.

2. V führt seine rechte Hand von innen um das Genick von A und zieht dessen Körper nach vorn. Zeitgleich führt V einen Knieschlag zum Oberkörper von A aus.
3. Danach ergreift die linke Hand von unten um den rechten Arm von A, legt die linke Hand auf den Ellenbogen und führt einen Drehstreckhebel (Armstreckhebel) aus
4. und zieht diesen nun weiter nach vorn in die Bauchlage.
5. V kniet sich von der Kopfseite her auf dem Angreifer ab, ergreift dessen beide Arme, zieht diese gerade nach oben und führt einen Schulterhebel aus. (Anmerkung: Sieht aus wie ein Armstreckhebel, da aber kein Druck auf das Ellenbogengelenk ausgeführt wird, liegt die Hauptbelastung auf dem Schultergelenk.)

1. V steht in der Verteidigungsstellung und hat beide Arme angehoben.
   A führt mit rechts einen Schlag zu den kurzen Rippen aus. V zieht den linken Arm nah an den Körper, um die kurzen Rippen zu schützen (Passivblock) und führt gleichzeitig mit rechts einen Faustst0ß zum Kinn aus.

2. V bringt mittels Dreier-Kontakt den angreifenden Arm nach unten innen: Die Blocktechnik wurde mittels Passivblock schon realisiert, nun wird der rechte Arm über den angreifenden rechten Arm von A geführt und dann dieser mit einer Fegebewegung nach unten innen (gegen den Uhrzeigersinn) an V vorbeigefegt.
3. V führt den eigenen rechten Arm weiter nach oben und legt den Arm von der linken Halsseite her um den Hals von A. Dabei geht V mit links einen Schritt 45° vorwärts und drückt mit der linken Faust in die rechte Niere von A, sodass A stark ins Hohlkreuz kommt. Dabei zeigen beide Arme von V jeweils in die Richtung des anderen Arms.

4. V bringt A nach hinten zu Fall.
5. V drückt mit links das Gesicht von A in Richtung von dessen linker Seite, hält die Hand auf dem Gesicht und hat mit rechts den rechten Arm von A unter Kontrolle.
6. V steigt mit links über den Kopf von A.
7. V führt das zweite Bein über den Bauch von A und beendet die Kombination mit einem Seitstreckhebel (Armstreckhebel).

1. V steht in der Verteidigungsstellung und hat beide Arme angehoben.
   A führt mit rechts einen Schlag zu den kurzen Rippen aus. V zieht den linken Arm nah an den Körper, um die kurzen Rippen zu schützen (Passivblock). Gleichzeitig „rutscht" V mit seinem rechten Daumen über As linkes Auge
2. und platziert seine rechte Hand in As Genick.
3. Nun führt V As Kopf unter seine linke Achsel und zwar so, dass Vs rechter Handrücken direkt unter seiner linken Achsel liegt.
4. V führt seinen linken Arm um As Kopf und ergreift sein eigenes rechtes Handgelenk und setzt eine Würgetechnik mit den Armen (Guillotine) an.
   V nimmt dabei die Knie eng zusammen (Selbstschutz gegen Schläge zum Genitalbereich) und streckt sich, damit eine Überdehnung des Genicks stattfindet.

### 5.1.3 In Höhe der Körpermitte (innen)

1. A führt einen Handballenstoß zum Solarplexus aus.
2. V macht den Passivblock nach innen und ergreift gleichzeitig mit der rechten Hand den Nacken von der rechten Kopfseite her.
3. V führt mit rechts einen Kniestoß zum rechten Oberschenkel von A aus.
4. V zieht mit der linken Hand den rechten Arm von A nach innen, damit das rechte Bein von A entlastet wird und führt mit dem rechten Fuß eine Art Fußfeger nach hinten aus.

5. A ist jetzt mit ausgestrecktem rechten Bein im Vierfüßlerstand. Nun stellt sich V mit dem rechten Fuß auf die rechte Hand von A und führt mit dem rechten Fuß einen Fußtritt zu den Rippen von A aus.

1. A versucht, V mit beiden Armen nach hinten zu stoßen. V macht mit links einen Passivblock nach innen
2. leitet den Arm nach unten außen weiter
3. kontrolliert den rechten Arm von A mit einem Drehstreckhebel (Armstreckhebel).
4. Führt mit rechts einen Knieschlag zum Kopf von A aus
5. bringt diesen durch Schleuderwurf zu Fall
6. begibt sich in die Reitposition, hakt beide Beine unter denen von A ein, legt seinen rechten Arm unter As Nacken und danach seine rechte Hand auf seinen linken Bizeps. Er legt die linke Hand auf As Stirn, das Gesicht legt V auf seinen linken Handrücken, die rechte Schulter ist vor As Kinn. V schiebt sich nun nach vorn und beendet die Kombination mit einem Genickhebel.

1. A führt einen Fußstoß mit rechts nach vorne in Vs Bauch aus.
   V macht mit links einen Passivblock nach innen und deckt mit rechts seinen Kopf, falls A noch mit einem Rückhandschlag nachsetzen will. A zieht sein rechtes Bein wieder zurück.
2. Ausfallschritt mit links nach links zur Seite.
   Low-Kick (Schienbeintritt) mit rechts zum vorderen Oberschenkel.
3. Faustston mit links zum Kopf.
4. Uppercut mit rechts zum Kinn.
5. V setzt sein linkes Bein nach hinten und führt mit dem rechten Bein einen Schienbeintritt zum vorderen Oberschenkel von A aus.

## 5.2 Zwei Abwehrtechniken mit der Hand (Uke-waza)

- Abwehr erfolgt mit flacher, gespannter Hand.
- Ausführung wahlweise mit Handfläche, Handrücken, Handaußenkante, Handinnenkante oder Handballen.
- Die Abwehrtechnik ist mit passender Bewegungsform zu verbinden.

### Technik: Handfegen

1. A führt einen geraden Fauststoß mit rechts zum Kopf von V aus.
   V führt mit links ein Handfegen nach innen aus (Die Finger sind dabei geschlossen!)
2. und „wickelt" dann die linke Hand im Uhrzeigersinn um den Oberarm von A.
3. Gleichzeitig ergreift die rechte Hand den Nacken/Hals von A.
4. V führt mit rechts einen Fußstoß zum linken Knie von A aus,
5. bringt A mit einem Drehstreckhebel (Armstreckhebel) zu Boden und benutzt diese Technik als Festleger.

1. A führt einen Stockschlag von oben innen aus (Stockschlag Nr. 2).
2. V fegt den Stockschlag mit der linken Rückhand (Finger sind geschlossen) nach unten außen links

3.-4. und entwaffnet A mit der „Snake-Entwaffnung“.

5. V positioniert die linke Hand unter den rechten Trizeps und schlägt mit dem rechten Ellenbogen auf den rechten Bizeps (Gunting-Technik).
6. Die rechte Hand „klappt“ nach unten und bringt den rechten Arm von A nach rechts außen.
   Es folgt ein Faustschlag mit links zur rechten Niere von A (nicht im Bild zu sehen).
7. Danach „wischt“ V mit dem rechten Daumen über das rechte Auge von A
8. und führt mit links einen abschließenden Fauststoß zu As Kinn aus.

1. A führt einen Messerschnitt von rechts oben außen zum Hals von V aus (Messerschnitt Nr. 1).
2. V fegt den Messerarm diagonal mit rechts (die Finger sind dabei geschlossen) nach rechts unten außen.
3. V führt die linke Hand unter den rechten Ellenbogen von A
   und schiebt die rechte Hand bzw. den rechten Arm über den rechten Arm von A (Kontrolle des waffenführenden Arms).
   Dabei führt V einen Finger-/Handstich zu den Augen von A aus.
4. V rutscht mit der rechten Hand am rechten Arm entlang und ergreift die rechte Hand (Daumenballen),
5. führt die Hand mit rechts nach innen am linken eigenen Arm vorbei,
   streckt den linken Arm aus,
   legt die stumpfe, flache Messerseite auf seinen linken Bizeps,
6. zieht die rechte Hand über den eigenen linken Bizeps und führt somit eine Entwaffnung von A aus.
7. Mit links rollt V um den rechten Arm von A
8. und legt diesen auf den rechten Ellenbogen von A und setzt einen Drehstreckhebel (Armstreckhebel) an.

9. V bringt A mit einem Armstreckhebel zu Boden,
10. winkelt in der Bodenlage den rechten Arm von A um den eigenen linken Arm, sichert dabei das linke Schulterblatt mit rechts von A (damit sich A nicht drehen und einen Ellenbogenschlag ausführen kann), macht Druck mit links gegen den rechten verhebelten Oberarm von A
11. und bringt A dazu, sich nach vorn zu bewegen und aufzustehen
12. und führt A mit einem Kreuzfesselgriff (Armbeugehebel zum Transport) ab.

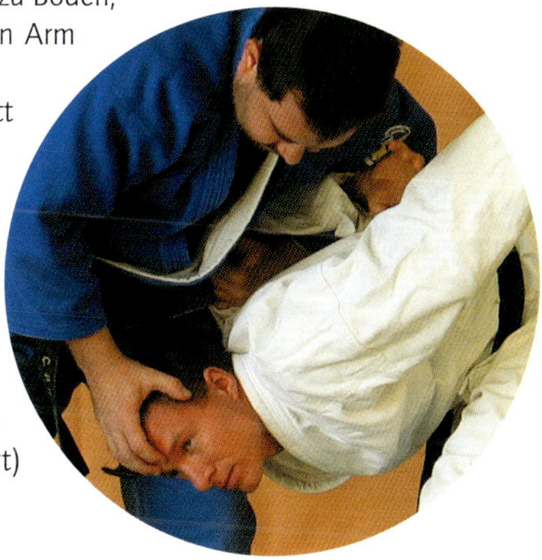

1. A führt mit rechts einen Halbkreisfußtritt vorwärts zum Oberkörper von V aus.
   V nimmt das angreifende Bein mit der rechten Hand (Handfegen) auf
2. und leitet den Fuß nach außen,
3. sodass danach A mit dem Rücken zu V steht.
4. V führt einen Schienbeintritt mit links 45° nach oben zum rechten hinteren Oberschenkel aus,
5. ergreift mit beiden Händen den Kopf von A,
6. „springt" um den Angreifer und führt dabei einen Knieschlag zu dessen Kopf aus.

7.-8. Ein Handkantenschlag zum Nacken mit rechts beendet die Kombination.

1. A führt einen Messerschnitt von oben innen zum Hals von V durch (Messerschnitt Nr. 2).
2. V kontert mit einem Handstich mit rechts zu den Augen und gleichzeitigem diagonalen Handfegen (die Finger sind dabei geschlossen) mit links.
3. Die rechte Hand von V ergreift die rechte Hand von A
4. und zieht sie wieder nach innen zum Handdrehbeugehebel.
5. Die linke Hand entnimmt das Messer.
6. V führt einen Armstreckhebel zum Boden aus und legt A damit in der Bodenlage fest.

1. A führt einen Pistolenangriff von vorn in Brusthöhe (mit Kontakt) aus.
2. V kontert mit Handfegen mit links nach innen.
3. V dreht die Waffe in Richtung A und könnte einen Handbeugehebel ausführen oder die Waffe auslösen.
4. V zieht sie weiter nach links außen und führt eine Entwaffnung durch.
5. Ein Schlag mit der Waffe zum Kopf von A beendet die Kombination.

1. A führt einen Messerstich Nr. 5 (von oben zum Kopf aus).
2. V führt mit links ein Handfegen nach unten und gleichzeitig mit rechts einen Handstich zu den Augen von A aus.
3. V führt den rechten Arm von A gegen den Uhrzeigersinn nach oben, ergreift von unten mit rechts den Daumenballen und öffnet den Griff.

4.-5. Mit links nimmt V A das Messer aus der Hand.

6. V setzt das linke Bein nach hinten
7. und beendet die Kombination mit einem Halbkreisfußtritt zum Kopf oder einem Scheinbeintritt zum Oberschenkel.

**Technik: Schulterstopp**

1. A führt einen Faustschlag (Schwinger) mit rechts zum Kopf aus.
   V kontert mit Schulterstopp mit rechts zur rechten Schulter von A.
   Dabei sichert V mit links den eigenen Kopf.

2.-3. V führt einen Schleuderwurf aus:
- Den Nacken mit rechts von innen ergreifen.
- Mit links den rechten Arm von A nach oben führen.
- Mit rechts den Kopf von A nach innen drehen und auf die eigene linke Ellenbogenspitze führen.

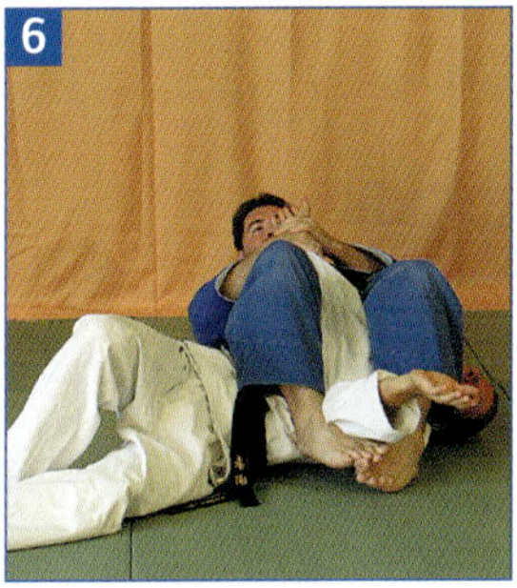

4.-5. Den Kopf weiter nach innen führen und A mit einem Schleuderwurf zu Boden bringen.
6. Ein Seitstreckhebel (Armstreckhebel) als Festleger beendet die Kombination.

1. A führt einen Faustschlag (Schwinger) mit rechts zum Kopf von V aus. V kontert mit einem Schulterstopp mit rechts gegen As rechte Schulter und sichert mit links den eigenen Kopf.
2. V führt einen Faustschlag (Schwinger) mit links
3.-4. und einen Faustschlag (Hammerschlag) mit rechts zum linken Nacken von A aus,
5. setzt das linke Bein mit einem Schritt nach links hinten
6. und beendet die Kombination mit einem Schienbeintritt mit rechts zum vorderen Oberschenkel von A.

1. A führt einen Stockschlag von oben außen aus (Stockschlag Nr. 1).

V kontert mit der rechten Hand mit einem Schulterstopp und sichert mit links das eigene Gesicht.

2.-3. V führt die Waffenhand mit rechts nach unten außen,

4. übernimmt mit links die Waffenhand am Handgelenk,

5.-6. entwaffnet mit dem rechten Unterarm

7. V „rollt" mit dem rechten Arm über den rechten Arm von A

8. und legt seine rechte Hand auf die rechte Brust von A

9. und begibt sich dabei in dessen Rücken. Mit rechts ergreift V das linke Revers von A und mit links greift V um As Hals in dessen Kragen. Durch Zug an beiden Revers bzw. Kragen wird A gewürgt.

## 5.3 Eine Handballentechnik (Teisho-uchi, Teisho-tsuki)

- Atemitechnik mit dem Handballen.
- Auftrefffläche ist der Ballen, die Hand wird erst kurz vor dem Auftreffen ruckartig nach hinten abgewinkelt.
- Die Finger sind in der Auftreffphase leicht gebeugt.
- Geradlinige (Stoß) oder kreisförmige Ausführung (Schlag) möglich.

### Handballenschlag

1. A führt eine Ohrfeige mit rechts zum Kopf von V aus.
   V kontert mit einem Unterarmblock nach außen mit links, danach von oben um den Schlagarm greifen und den Trizeps ergreifen.

2. Handballenschlag mit rechts von rechts zum Kinn von A.
3. Die rechte Hand erfasst die linke Schulter von A.
4.-5. Beinstellen.
6. Gerader Fauststoß zum Kopf als Abschlusstechnik.

1. A führt einen Messerstich Nr. 1 (von oben zum Kopf von V) aus.
2. V kontert mit einem Unterarmblock mit links nach außen.
3. V führt mit rechts einen Handballenschlag zum Kopf von A aus und „dreht" gleichzeitig die rechte Hand von A gegen den Uhrzeigersinn nach unten.

4. V ergreift mit rechts den rechten Daumenballen von A, um den Griff zu öffnen

5.-7. und entnimmt mit links das Messer.

1. A würgt V von vorn mit der rechten Hand
2. und führt mit links einen Schwinger aus. V zieht die Schultern nach oben, um A das Würgen zu erschweren.
3. V zieht mit der linken Hand den rechten Arm von A etwas nach unten und blockt (Passivblock) mit rechts den angreifenden Arm von A.
4. V führt mit rechts einen Handballenschlag zum Kinn von A aus und
5. führt den eigenen rechten Arm über den rechten Arm von A und setzt einen Armbeugehebel an.
6. Die linke Hand von V drückt As Gesicht gegen den Uhrzeigersinn nach hinten.
7. V bringt A mit Genickhebel zu Boden.
8. V beendet die Kombination mit einem Fauststoß zum Kopf von A.

### Handballenstoß

1. A führt einen Fußstoß vorwärts zum Oberkörper von V aus. V kontert mit einem Passivblock nach innen,
2. kombiniert mit einer Schrittdrehung um 90° rückwärts.
3. Danach führt V einen Handballenstoß zum Kopf von A aus.

4. V setzt das linke Bein etwas nach hinten
5. und führt mit dem rechten Bein einen Schienbeintritt zum linken hinteren Oberschenkel von A aus.
6. V dreht sich gegen den Uhrzeigersinn weiter
7. und positioniert das linke Bein hinter As linkem Bein.
8. Das Wegstoßen von As Bein nach hinten führt zu As Fall.

1. A führt einen Messerschnitt von rechts oben außen zum Hals von V aus (Messerschnitt Nr. 1).
2. V führt mit rechts einen Handfeger diagonal nach unten außen rechts aus und
3. kontrolliert mit links den Ellenbogen von A
4. und führt mit rechts einen Handballenstoß zum Kopf von A aus.
5. V zieht die rechte Hand wieder zurück und ergreift den rechten Daumenballen von A. Damit wird der Griff von A gelöst.
6. V führt die rechte Hand von A im Uhrzeigersinn nach unten, sodass die Messerspitze Richtung Boden zeigt.
7. V positioniert die linke Handinnenkante an der breiten, stumpfen Seite des Messers und entwaffnet A, indem er mit der linken Hand die Waffe nach vorn aus der Hand von A hebelt.

## 5.4 Eine Knietechnik (Hiza-geri, Hiza-ate)

- Atemitechnik mit dem angehobenen und angewinkelten Knie.
- Ausführung geradlinig (Stoß), kreisförmig (Schlag) und kombiniert in alle Richtungen möglich, von vertikal bis horizontal.

### Kniestoß

1. A ergreift beide Handgelenke von V von vorn.

2

3

5

6

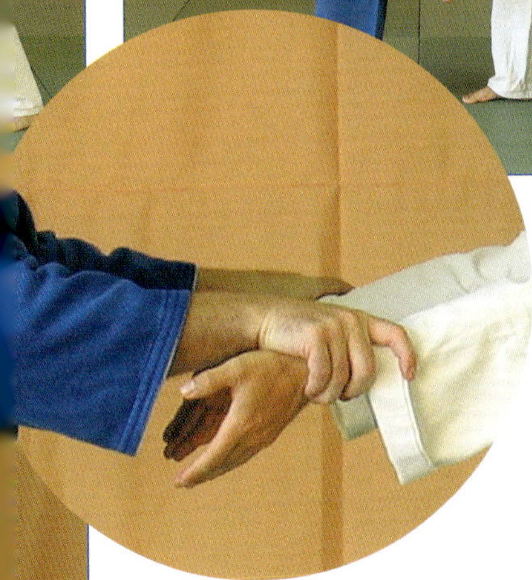

2. V führt gleichzeitig ein beidhändiges Grifflösen (in Richtung der Daumen von A) aus
3. und ergreift danach die gegnerischen Handgelenke.

4. V zieht an den Handgelenken von A und führt gleichzeitig einen Kniestoß mit rechts zum Oberkörper von A aus.
5. V legt die rechte Handfläche auf das Genick von A und
6 zieht den Kopf von A unter seine linke Achsel (die eigene rechte Handfläche liegt dabei unter der Achsel).
   - Die linke Hand wird von unten um den Hals von A geführt und ergreift das eigene rechte Handgelenk.
   - V schließt die eigenen Knie, um den Genitalbereich etwas zu schützen
   - und beendet die Kombination mit einem Schwitzkasten von vorn.

1. A führt mit rechts einen Schienbeintritt zum vorderen linken Oberschenkel von V aus.
   V macht mit rechts einen Ausfallschritt nach rechts vorn und kontert gleichzeitig mit dem Schienbeintritt von A, mit einem eigenen Schienbeintritt mit links zum inneren linken Oberschenkel von A.
2. V ergreift mit links die linke Schulter von A
3. und führt mit links einen Kniestoß zum Oberkörper von A aus.
4. V führt mit rechts einen Ellenbogenschlag zum Kopf von A aus.
5. V setzt das linke Bein nach hinten ab
6. und beendet die Kombination mit einem Schienbeintritt zum rechten Oberschenkel von A.

## Knieschlag

1. A führt einen Fauststoß links aus.
   V fegt diesen mit rechts nach innen.
2. A führt einen Fauststoß mit rechts aus.
3. V fegt diesen mit links nach innen.

4. Mit rechts von innen den Nacken erfassen und nach unten ziehen.
5. Knieschlag mit rechts zum Kopf von A.
6. Fußstoß mit rechts zum linken Knie von A.
7. Dadurch kommt A nach hinten zu Fall.

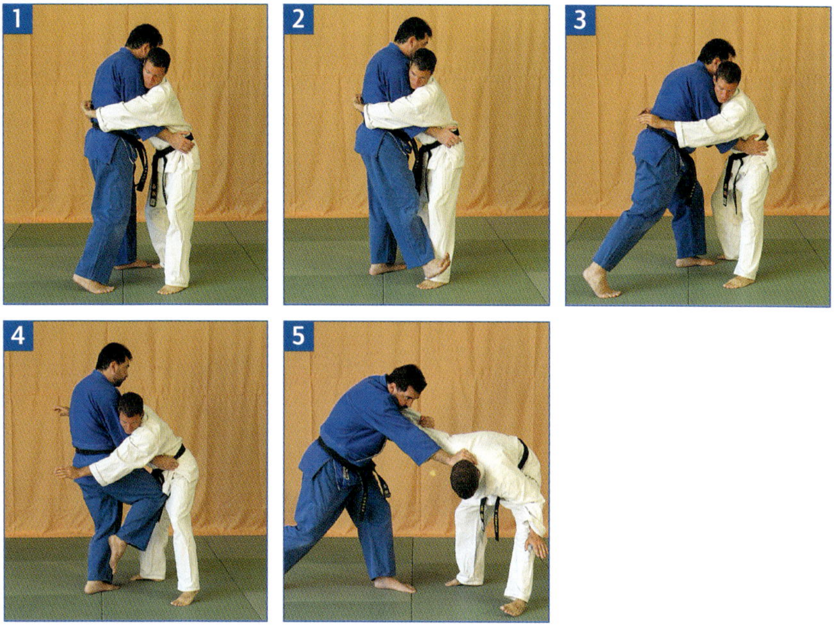

1. A führt eine Körperumklammerung von vorn über den Armen von V aus.
2. V führt mit rechts einen Fußstoß abwärts zum linken Fußspann von A aus.
3. V positioniert beide Hände an den Hüftknochen von A und drückt sich nach unten hinten weg
4. und führt aus dieser Position einen Knieschlag zum Genitalbereich von A aus.
5. V führt den linken Arm im Uhrzeigersinn um den rechten Arm von A und setzt einen Drehstreckhebel (Armstreckhebel) an.
   - Mit der rechten Hand drückt V den Kopf von A ca. 45° nach vorn unten, um einen Gegenangriff zu den eigenen Beinen zu verhindern.

1. A führt einen Messerschnitt quer von links nach rechts in Hüfthöhe aus (Messerschnitt Nr. 4).
   V führt einen Unterarmblock nach unten außen rechts mit gleichzeitigem Handstich zu den Augen links aus
2. gefolgt von einem Handfeger mit links nach außen,
3. direkt zum Drehstreckhebel (Armstreckhebel)
4. und entwaffnet A.

5.-7. V bringt A mit einem Schleuderwurf Richtung Boden und

8.-9. steigt mit rechts über den Oberkörper von A
und dreht A in die Bauchlage

10. und beendet die Kombination mit einem Armstreckhebel.

## 5.5 Ein Stoppfußstoß (Mae-fumi-komi)

- Hochziehen des Knies mit anschließendem Strecken des Beins und Vorschub der Hüfte.
- Der nach außen gedrehte Fuß trifft mit der Sohle ins Ziel.
- Die Vorwärtsbewegung des Angreifers wird durch den Stoß gegen Knie, Oberschenkel oder Leiste gestoppt bzw. dadurch das Gleichgewicht eines stehenden Gegners gestört.

1. A führt einen Griffansatz zum Hals von V aus.
   V führt mit dem linken Fuß einen Stoppfußstoß in die rechte Leiste von A aus.

3

4

5

6

2. Es folgt ein Fauststoß mit rechts zum Kopf
3. sowie ein Fauststoß mit links zum Bauch.
4. V setzt das linke Bein nach hinten ab
5. und beendet die Kombination mit einem Halbkreisfußtritt zum Kopf
6. oder einem Schienbeintritt mit rechts zum Oberschenkel von A.

1. A führt einen Schienbeintritt mit rechts, zum linken Oberschenkel von V aus. V führt einen Stoppfußstoß mit links in die rechte Leiste von A aus.
2. Es folgt ein Fauststoß mit rechts zum Kopf,
3. gefolgt von einer Variation der Doppelhandsichel, wie sie zum Beispiel im Luta-Livre unterrichtet wird: V kniet mit dem rechten Bein vor A und hat das linke Bein neben As rechtem Bein aufgestellt. V umklammert beide Beine von A in Höhe der Kniekehlen und zieht die Beine von A so zusammen, dass sie in der X-Form stehen.
4. Durch Druck gegen die Beine bringt V A nach hinten zu Fall
5. und begibt sich sofort in die Kreuzposition.
   Mit einem Armbeugehebel beendet er die Kombination.

1. A führt einen Fußstoß vorwärts zum Bauch von V aus.
   V führt einen Unterarmblock mit links nach unten innen mit gleichzeitiger Schrittdrehung 90° rückwärts aus.
2. Es folgt ein Stoppfußstoß mit rechts in die Kniekehle.
3. In der Kniekehle stehen bleiben, damit A nicht aufstehen kann.
   Ein Kopfkontrollgriff beendet die Kombination.

## 5.6 Ein Grifflösen (Katate-mochi, Ryote-mochi)

- Lösen von Handgelenksumklammerungen durch Heraushebeln oder Herauswinden.
- Ein- oder beidarmige Ausführungen gegen ein- oder beidarmige Umklammerungen.

1 A ergreift das gegenüberliegende rechte Handgelenk von V.
2. Das Grifflösen erfolgt mit rechts mit gleichzeitigem Handstich zum Hals mit links.

3. Schlag mit links auf die Daumenmaus und gleichzeitiger Handballenstoß mit rechts zum Kopf.
4. Schlag mit der offenen Rückhand zur linken Gesichtshälfte, danach wird Druck nach links ausgeführt, damit die linke Halsseite des Angreifers freiliegt.
5. Hammerschlag mit rechts zur linken Nackenmuskulatur von A als Abschlusstechnik.

1. A ergreift das gegenüberliegende linke Handgelenk von V.
2. V führt den Ellenbogen der gefassten Hand über den Ellenbogen des angreifenden Arms und löst so den Griff von A.
3. V führt danach einen Rückhandschlag mit rechts zur Nase von A aus und
4. blockiert mit rechts die beiden Arme von A
   und beendet die Kombination mit einem Fauststoß links zum Kopf von A.

## 5.7 Ein Griffsprengen (Tettsui-uchi, Jodan-oshi-dashi)

- Gewaltsame Befreiung mittels Abwehr- oder Atemitechnik gegen die angreifenden Arme.
- Ein- oder beidarmige Ausführung gegen alle (zumindest angesetzten) Klammerangriffe.

1. A ergreift beidhändig das Revers von V.
2. V führt einen Fauststoß mit rechts zum Solarplexus von A aus.

3. V sprengt danach den Griff nach oben mit beiden Unterarmen,
4. ergreift mit links den Nacken und mit rechts das Kinn von A
5. und bringt diesen mit Genickdrehhebel zum Boden.
6. V beendet die Kombination mit Armriegel von innen (Armstreckhebel) als Festleger.

1. A ergreift das diagonale Handgelenk von V.
2. V dreht den rechten Arm nach oben und
3. sprengt mit einem Schlag mit links den Griff.
4. V führt einen Handballenstoß/-schlag zum Genitalbereich von A aus.
5. V begibt sich hinter A und greift mit den Mittelfingern von hinten in die Leiste von A, zieht kurz, aber heftig nach hinten unten
6. und bringt so A nach hinten zu Fall.
7. V begibt sich dabei sofort in die Reitposition.
   V führt seinen rechten Arm unter As Kopf und legt die rechte Hand auf seinen linken Bizeps. V legt die linke Hand auf As rechte Kopfseite und seine eigene rechte Wange direkt darauf, V hat beide Beine unter denen von A eingehakt und seine rechte Schulter liegt vor dem Kiefer von A. Nun schiebt sich V nach vorn und verstärkt so den Genickhebel und den Druck auf den Kiefer von A.

1. A ergreift beide gegenüberliegende Handgelenke von V.
2. V stößt mit dem rechten Knie von oben auf das rechte Handgelenk von A
3. und führt so ein Griffsprengen durch.
4. V führt mit links einen Fingerstich zur Kehlkopfgrube von A aus,
5. schlägt mit der linken Hand auf die linke Daumenmaus von A und führt mit rechts gleichzeitig einen Handballenstoß zum Kinn von A aus.

6. Gefolgt von einem Handkantenschlag mit links zur linken Halsseite von A
7. und abschließend mit einem rechten Handkantenschlag zur rechten Halsseite von A.
8. V setzt den linken Fuß zurück
9. und beendet die Kombination mit einem Schienbeintritt mit dem rechten Bein auf As vorderes Bein.

## 5.8 Ein Armstreckhebel (Ude-gatame)

(Ausführung bei Bodenlage des Gegners)

- Überstreckung des gegnerischen Ellenbogengelenks durch Zug am Handgelenk und Druck am Ellenbogengelenk.
- Der Verteidiger hebelt den am Boden liegenden Gegner.
- Eigene Bodenlage des Verteidigers ist nicht erforderlich.
- Ausführungsmöglichkeiten: Alle Armstreckhebel, bei denen der Gegner sich in Bodenlage befindet, nach freier Wahl des Prüflings.

Siehe Stoffsammlung ➠ Armstreckhebel am Ende des Buches

## 5.9 Ein Körperabbiegen (O-soto-osae)

- Hebelwirkung durch Überstreckung der Hals- und Lendenwirbelsäule.
- Eine Hand übt Druck von vorne am Kopf aus, die andere Hand erzeugt Gegendruck im Bereich der Lendenwirbelsäule.
- Der Verteidiger steht bei der Ausführung seitlich neben dem Angreifer.

1. A greift von hinten mit der rechten Hand in den Kragen von V.

2. V führt eine Schrittdrehung rückwärts mit gleichzeitigem Handrückenschlag links zur Nase aus. Dadurch wird das Gleichgewicht von A nach hinten gebrochen.
3. V steht im Winkel von ca. 90° zu A. Die linke Hand positioniert er in den Lendenbereich und führt mit rechts einen Handballenschlag zum Kinn aus.
4. Mit Körperabbiegen bringt V A zu Boden.
5 Ein Armriegel von innen (Armstreckhebel) beendet die Kombination.

1. A führt einen Fauststoß mit links aus und steht dabei mit links vor, V fegt den Schlag mit rechts nach innen.
2. A führt einen zweiten Fauststoß mit rechts aus. V schlägt mit links, unter dem Schlagarm von A, einen Aufwärtshaken zum Kinn von A und deckt dabei mit rechts seinen eigenen Kopf ab.
3. V führt mit rechts einen Handballenschlag zum Kopf von A aus und platziert gleichzeitig seine linke Hand im Lendenbereich von A
4. und bringt A mit Körperabbiegen zum Boden.
5. V setzt eine Knöchelwürge als Abschlusstechnik an.

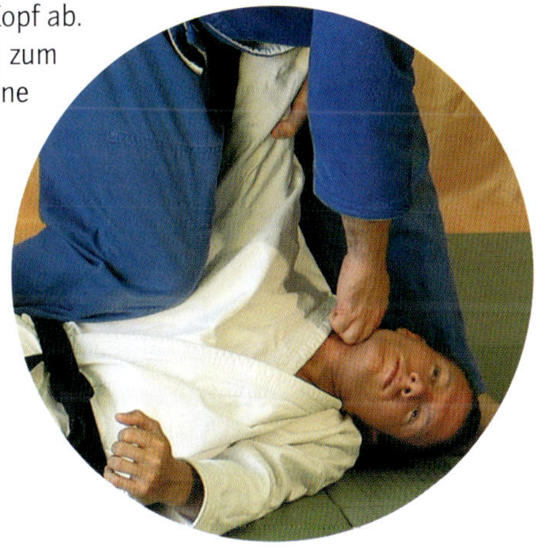

1. A versucht, V von vorn zu schubsen.
2. V fegt die angreifenden Arme mit rechts im Uhrzeigersinn nach außen.
3. V führt mit rechts einen Handballenstoß zum Kopf von A aus, positioniert die linkc Hand im Lendenbereich von A
4. und bringt diesen mit Körperabbiegen nach hinten zu Fall.
   Mit Nervendruck (Fingerdruck auf das rechte Auge von A) wird A am Boden festgelegt (Herbert Frese, der Präsident des Deutschen Ju-Jutsu-Verbandes, würde sagen: „Man muss auch mal ein Auge zudrücken können").

## 5.10 Ein Beinstellen (O-soto-otoshi)

- Das Gleichgewicht brechen, nach hinten, zur Seite, durch Zug und Druck bzw. Atemitechnik.
- Der seitlich neben dem Angreifer stehende Verteidiger stellt sein gegnernahes Bein von außen zwischen die Beine des Angreifers und drückt diesen zu Boden.
- Griffart frei wählbar.

1. A ergreift das gegenüberliegende Handgelenk von V.
2. V führt ein Grifflösen links mit gleichzeitigem Ausfallschritt nach links und gleichzeitigem Handkantenschlag mit rechts zur linken Halsschlagader aus.

3. V stellt das rechte Bein hinter das rechte Bein von A
4. und bringt A mittels Beinstellen zu Boden.
5. V positioniert die rechte Hand auf dem Ellenbogen von A

6. und bringt diesen durch Zug an der Hand und Druck auf den Ellenbogen in die Bauchlage.
7. V kniet sich mit rechts von der Kopfseite her zwischen die Schulterblätter von A und legt A mit einem Handdrehbeugehebel fest.

1. A führt einen Schienbeintritt mit rechts zum Oberschenkel von V aus. V zieht die Ferse des linken Fußes nah an sein Gesäß und richtet das linke Knie in Richtung des angreifenden Beins.
2. V führt einen Fauststoß mit rechts zum Kinn von A aus.
3. Die rechte Hand ergreift den Hals von A, die linke Hand ergreift den rechten Oberarm kurz unterhalb des Trizeps, das rechte Bein wird hinter das rechte Bein von A gestellt.
4. V bringt A mittels Beinstellen zu Boden.
5. V steigt mit beiden Beinen (erst links, dann rechts über den Hals/Oberkörper)
6. und legt A mit einem Seitstreckhebel (Armstreckhebel) fest. Dabei ist es wichtig, dass die Knie zusammengedrückt werden, die Hüfte angehoben und der rechte Arm von A in Richtung des kleinen Fingers nach rechts unten gezogen wird.

1. A führt einen Fauststoß links aus und steht dabei mit links vorn. V führt auf den angreifenden Arm eine Schlagtechnik mit den Knöcheln der linken Faust aus (Gunting). Dabei wird der Schlag kreisförmig geschlagen und in Höhe des Unterarms angesetzt, damit die Wahrscheinlichkeit eines Treffers erhöht wird.
2. A schlägt nun einen Fauststoß mit rechts und V führt einen Passivblock mit links nach oben (Salut-Block).
3. Die linke Hand greift über den rechten Oberarm von A,
4. die rechte Hand ergreift den Hals/Kopf von A.
5. Das rechte Bein wird hinter das rechte Bein von A gestellt.

6. V bringt A mittels Beinstellen zu Boden. V positioniert die rechte Hand auf dem Ellenbogen von A und die linke Hand ergreift das Handgelenk.
7. Durch Zug an der Hand und Druck auf den Ellenbogen wird A in die Bauchlage gedreht.

8.-11. Mit einem Handbeugehebel als Transporttechnik in Kombination mit einem Nervendruck unterhalb des Ohrs wird A transportiert.

## 6 Freie Anwendungsformen

### 6.1 Im Bereich der Atemitechniken (nur Hände)

- Auseinandersetzung im Stand, ausschließlich unter Einsatz der geöffneten Hände (Handfläche).
- Trefferfläche ist der gesamte Körper (auch Beine).
- Leichter Kontakt, ohne Wirkungstreffer zu erzielen.
- Ziel: Freie Anwendung von Abwehrtechniken und Bewegungsformen des 5. Kyu.
- Schutzausrüstung: Männliche Prüflinge mindestens Tiefschutz (Pflicht).
- Dauer: 1-2 Minuten mit einmaligem Partnerwechsel.

# 4. Kyu (Orangegurt)

## Einleitung

Im 5. Kyu (Gelbgurt) wurden unter anderem in den Bereichen *Stellungen*, *Bewegungsfolge* und *Fallschule* Grundlagen geschaffen, die nun mit dem 4. Kyu ausgebaut werden. Im Bereich der „Stellungen" wird die Aktionsstellung in offensiver und defensiver Form eingeführt. Die Rolle rück- und vorwärts erweitert die Wahrscheinlichkeit, einen Fall unverletzt zu überstehen.

Wurde im 5. Kyu noch der Schwerpunkt auf die Fixierung eines Angreifers in der Bodenlage gelegt, so muss sich nun der Prüfling eben aus diesem Festhalten in der Bodenlage befreien können. Im Bereich der „freien Anwendungsformen" soll dann der Prüfling in einem partnerschaftlichen Bodenkampf zeigen, dass er das Gelernte umsetzen kann.

Mit der Komplexaufgabe kommt ein neues Prüfungsfach hinzu. Hier soll der Prüfling Fausttechniken an einem sich bewegenden, sonst aber passiven Partner ansetzen. Der Partner bewegt sich dabei auf der Übungsmatte und führt keine aktiven Abwehrtechniken durch.

Im Programm zum 5. Kyu wurden die Passivblöcke gefordert, welche die natürliche Reaktion des Verteidigers nutzen. Nun, nach über einem halben Jahr Training, soll der Prüfling aktive Abwehrtechniken mit dem Unterarm einsetzen.

Im Bereich der Ju-Jutsu-Techniken hat gegenüber dem alten Programm wieder eine neue Technik Einzug gehalten. Anstatt eines Fauststoßes kann nun auch ein Kettenfauststoß eingesetzt werden. Diese Technik kommt aus dem Wing Tsun (oder andere Schreibweisen) oder Jeet Kune Do. Sie ist eine sehr effektive Technik. Richtig ausgeführt, ist es nicht einfach, sich gegen sie zu verteidigen.

Waren die Gegen- und Weiterführungstechniken im alten Prüfungsprogramm den fortgeschrittenen Ju-Jutsukas vorbehalten, so werden im neuen Programm kontinuierlich ab dem 4. Kyu diese Kenntnisse gelehrt. Im 4. Kyu wird dem Schüler vermittelt, wie er einen Wurf im Ansatz verhindern kann und wie er eine blockierte Hebeltechnik mit einer weiteren sinnvoll fortsetzt.

Erstmals muss sich der Prüfling im Bereich der *freien Selbstverteidigung* gegen fünf Kontaktangriffe mit freien Kombinationen wehren. Die Angriffe entsprechen der Duo-Serie 1.

Das Duo-Wettkampfsystem beinhaltet eine Reihe von vorgegebenen Angriffen. Zu diesen Wettkämpfen treten Paare gegeneinander an und zeigen ihre Abwehrtechniken. Dieses Wettkampfsystem ist auch für den Kampfsportlaien sehr interessant, weil es optisch sehr schön anzusehen ist. In der Vergangenheit wurde allerdings nicht der größte Wert auf die effektivsten Techniken gelegt, sondern auf andere Punkte, die an dieser Stelle nicht näher erläutert werden. In letzter Zeit hat sich hier jedoch einiges zum Positiven verbessert.

Die Verteidigung gegen diese Angriffe muss in der Prüfung nicht den Bewertungskriterien eines Duo-Wettkampfs entsprechen, sodass der Prüfling sich hier frei entfalten kann. Es bietet aber den Vorteil, dass am Duo-Wettkampf-Interessierte hier schon früh einen Einstieg bekommen. Der Duo-Wettkampf ist besonders für Kinder interessant, da sie sich hier mit ihren Kombinationen gegen andere messen können, ohne Gefahr zu laufen, verletzt zu werden, wie es in normalen Zweikämpfen (wie z. B. im Fightingsystem) doch gelegentlich der Fall ist.

Die Kombinationen sind schon wie im 5. Kyu zum Teil auch für einen Schüler, der den 4. Kyu anstrebt, recht anspruchsvoll. Es fällt einem Schüler dann später bei den Prüfungen zu den höheren Graden leichter, wenn er von Anfang an gefordert wird. Es sind auch Kombinationen dabei, die leichter auszuführen sind und somit hat der Leser die Möglichkeit, das Geeignete auszuwählen.

# 1 Stellungen

## 1.1 Aus der Verteidigungsstellung wird durch Verlängern der Stellung in zwei verschiedene Aktionsstellungen gewechselt

### 1.1.1 Offensive Form der Aktionsstellung

- Verlängerung der Verteidigungsstellung nach vorne außen.
- Gewichtsverlagerung Richtung vorderes Bein (etwa 70 % zu 30 %).
- deutliches Absenken des Körperschwerpunktes (KSP).
- Anwendung vorwiegend in Verbindung mit Atemitechniken.

- Ausgangsstellung
- Offensive Form

- Ausgangsstellung

- Defensive Form

### 1.1.2 Defensive Form der Aktionsstellung

- Verlängerung der Verteidigungsstellung nach hinten.
- Gewichtsverlagerung Richtung hinteres Bein (etwa 60 % zu 40 %).
- Leichtes Absenken des Körperschwerpunkts (KSP).
- Anwendung vorwiegend in Verbindung mit Abwehrtechniken.

# 2 Bewegungsformen (Sabaki)

## 2.1 Ausfallschritte

Ausfallschritt nach vorn

Ausfallschritt nach hinten

Ausfallschritt zur Seite (rechts und links)

Ausfallschritt diagonal nach vorn (rechts und links)

Ausfallschritt diagonal nach hinten (rechts und links)

## 2.2 Doppelschrittdrehungen

Doppelschrittdrehung 90°

Doppelschrittdrehung 180°

Doppelschrittdrehung 180° (in den Parallelstand)

# 3 Falltechniken (Ukemi)

## 3.1 Rolle rückwärts

## 3.2 Rolle vorwärts

# 4 Bodentechniken (Ne-waza)

- Der Prüfling hat die freie Wahl seiner Befreiungstechnik und der dafür erforderlichen Griffhaltung des Partners, in der jeweiligen Halteposition.
- Die Befreiung ist erfolgt, wenn der Verteidiger den Angreifer kontrolliert oder sich von diesem lösen kann.
- Die Befreiung erfolgt bei leichter Gegenwehr des haltenden Partners.

Bei der Verteidigung spielt es in der Bodenlage eine große Rolle, auf den Druck und die Körperposition des Angreifers zu reagieren. Es ist immens wichtig zu erkennen, wo der Schwerpunkt des Angreifers liegt. Dementsprechend sieht dann die Befreiung aus. Im Standkampf stellt die Masse ein wesentliches Kriterium dar. Im Bodenkampf ist dieses Attribut umso wesentlicher. Wenn zwei Personen technisch gleichwertig sind, ist der schwerere Kämpfer im Vorteil. Wichtig ist, dass man beim Üben zuerst viel Zeit damit verbringt, die reine Technik ohne Gegenwehr zu trainieren. Danach sollte mit leichtem Widerstand trainiert und später das Ganze im Kampfspiel bzw. Wettkampf erprobt werden. Nicht zu vergessen ist die ständige Kontrolle der Extremitäten. Eine rein judogemäße Verteidigung sollte vermieden werden. Im Judo wird weder geschlagen noch getreten, sodass hier zwar die Befreiungen oft sehr gut funktionieren, jedoch wird dort vernachlässigt, dass der Angreifer weiterhin Schlag-, Beiß- und Tritttechniken ausführen kann.

## 4.1 Eine Befreiung aus Haltetechnik in seitlicher Position (aus Kesa-gatame)

1. A liegt seitlich auf V und hat seinen Schwerpunkt vorn. Das hintere (linke) Bein ist leicht seitlich abgestellt.

2. V legt sich auf seine rechte Seite, greift mit dem linken Arm um den Bauch von A, versucht, (wichtig!) seinen rechten Arm aus dem Griff von A zu befreien und zieht ihn nach unten, sodass er auf dem Boden liegt. V stellt beide Beine nah am Gesäß auf, nun hält V A eng fest.
3. V hebt die Hüfte an und zieht A zuerst in Richtung seiner rechten Schulter.

4. Danach „rollt" er über den Schultergürtel und bringt A auf seine linke Seite
5. und ist selbst in der seitlichen Position.

1. A liegt seitlich auf V und hat beide Beine nach vorn gestreckt und seinen Körper aufgerichtet.
2. V bewegt seine Beine nach links, um in eine Position von ca. 180° zu A zu kommen.
3. Danach drückt sich V nach vorn und bringt so A rücklings zu Fall
4. und ist selbst in der seitlichen Position.

1. A liegt seitlich auf V und hat sein hinteres linkes Bein weit nach hinten zum Abstützen aufgestellt.
2. V legt sich auf seine rechte Körperseite, umklammert As Oberkörper mit beiden Armen,
3. steigt mit dem linken Bein über das hintere linke Bein von A, bringt das rechte Bein unter das linke Bein von A
4. und dreht A nach links
5. und ist nun selbst in der seitlichen Position.

## 4.2 Eine Befreiung aus Haltetechnik in Kreuzposition (aus Yoko-shiho-gatame)

1. A liegt auf V, sein Gewicht ist auf der linken Oberkörperhälfte von V positioniert.
2. V stellt beide Füße nah an sein Gesäß, „bockt" (reißt die Hüfte nach oben) A kurz nach oben,
3. legt sich danach im Absenken der Hüfte auf seine linke Seite, bringt seine rechte

Hand an die rechte Kopfseite von A und umklammert den Kopf mit der rechten Hand. V zieht den Kopf von A in Richtung Boden

4.-5. und läuft gegen den Uhrzeigersinn um A,

6. bis er sich selbst in der Kreuzposition befindet.

1. A liegt auf V, sein Gewicht liegt auf der rechten Oberkörperhälfte von V.
2. V stellt beide Füße nah an sein Gesäß, „bockt" (reißt die Hüfte nach oben) A kurz nach oben,
3. legt sich mit dem Absenken seiner Hüfte auf seine rechte Seite, greift mit beiden Händen/Armen um den linken Oberschenkel von A,
4. zieht diesen nach innen und macht Druck mit dem Oberkörper gegen den Oberkörper von A,
5. sodass A nach hinten zu Fall kommt.
6. V befindet sich nun selbst in der Kreuzposition (Yoko-shio-gatame, Sidemount).

1. A liegt auf V und hat sein Gewicht auf Vs Oberkörper verteilt. V stellt beide Füße nah an sein Gesäß,
2. „bockt" (reißt die Hüfte nach oben) A kurz nach oben,
3. bringt vor dem Absenken der eigenen Hüfte seinen rechten Unterarm vor As linke Leiste, damit kann V sich Platz verschaffen. V bringt seinen linken Arm vor As linkem Arm, d. h., er blockiert den linken Arm von A.
4. Danach bringt V seinen rechten Arm zwischen die Beine von A und läuft mit seinen Füßen nach links (gegen den Uhrzeigersinn),
5. zieht die Beine wieder an, stemmt die Hüfte nach oben,
6. und dreht A in die Rückenlage.

## 4.3 Eine Befreiung aus Haltetechnik in Reitposition (aus Tate-shiho-gatame)

1. A sitzt auf V im Reitsitz und hat beide Hände am Revers von V.
2. V schlägt den rechten Arm von A mit links nach unten zu seinem Oberkörper.
3. Danach legt V seine rechte Handfläche hinter den rechten Ellenbogen von A, damit dieser den Arm nicht aus der Fixierung ziehen kann. Mit dem linken Fuß blockiert V den rechten Fuß/Unterschenkel von A, indem V den Fuß neben As Fuß/Bein abstellt. Der rechte Fuß wird dicht am eigenen Gesäß abgestellt.

2

3

4

Die Hüfte wird ruckartig nach oben geschoben

4. und A über die linke Schulter (Hupa) auf den Rücken gedreht.

1. A sitzt auf V im Reitsitz und hat seinen rechten Arm unter Vs Nacken, um z. B. einen Genickhebel/Würger anzusetzen.
2. V klemmt mit dem linken Arm den rechten Arm von A ein, sodass dieser ihn nicht unter Vs Kopf herausziehen kann. V drückt seinen Kopf auf den Boden, damit A auch hier den Arm nicht nach außen wegziehen kann. Mit dem linken Fuß blockiert V den rechten Fuß/Unterschenkel von A, indem V den Fuß neben As Fuß/Bein abstellt. Der rechte Fuß wird dicht am eigenen Gesäß abgestellt.
   V platziert seine rechte Hand an As linke Hüfte,
3. reißt die Hüfte ruckartig nach oben

4.-5. und dreht A über die linke Schulter (Hupa) auf den Rücken.

# 5 Komplexaufgabe

## 5.1 Demonstration von Fausttechniken an einem sich bewegenden, sonst aber passiven Partner

- Beide Partner bewegen sich in mittlerer Distanz.
- Der Prüfling hat die Aufgabe, mit Fausttechniken aller Art den Partner zu attackieren.
- Dabei darf bei leichtem Kontakt kein Wirkungstreffer erzielt werden.
- Der Partner darf sich lediglich im Raum bewegen, Meidbewegungen und passive Abwehrtechniken ausführen.
- Bewertet werden: Ökonomisches und kontrolliertes Bewegen, korrekte Technikausführung, Timing, Distanzgefühl, Übersicht und Dynamik.

# 6 Ju-Jutsu-Techniken in Kombination

Die folgenden Techniken müssen vom Prüfling weit gehend in Kombination gegen je einen Angriff nach freier Wahl demonstriert werden.

Die Kombinationen in diesem Buch sind nur beispielhaft und sollen als Anregungen für den Interessierten dienen.

## 6.1 Zwei aktive Abwehrtechniken mit dem Unterarm (Uke-waza)

- Abwehr erfolgt mit der Ellen- oder Speichenseite des in der Endphase verriegelten Unterarms.
- Die Hand des abwehrenden Arms kann dabei geöffnet oder geschlossen sein.
- Die Abwehrtechniken sind mit passender Bewegungsform zu verbinden.

### 6.1.1 Nach innen

1. A führt einen Messerschnitt von oben innen aus (Messerschnitt Nr. 2).
2. V kontert mit einem Unterarmblock mit links nach innen und sichert gleichzeitig mit rechts das Handgelenk von A und zwar so, dass es nicht zurückgezogen werden kann.

3

4

5

3. Mit rechts das Handgelenk nach innen unten weiterleiten, bis die Messerspitze Richtung Boden zeigt. Dabei wird der gegnerische Daumenballen gefasst.

4. 5. V führt die Entwaffnung so durch, dass das Messer mit der eigenen linken Hand aus der gegnerischen Hand ge-hebelt wird (die eigene linke Handfläche zeigt bei der Messerentwaffnung zur Decke und die Handinnenkante wird an der flachen, stumpfen Seite des Messers angesetzt).

1. A führt einen Rückhandschlag zum Kopf von V aus.
2. V kontert mit einem Unterarmblock mit links nach innen. Die rechte Hand schützt das Gesicht und arretiert die Schlaghand so, dass sie nicht zurückgezogen werden kann.
3. V leitet den rechten Arm von A mit links nach unten außen links
4. in einen Drehstreckhebel (Armstreckhebel). Die rechte Hand drückt den Kopf von A nach unten 45° weg, damit dieser nicht die Beine von V angreifen kann.

5. V schwingt sein linkes Bein über den Kopf von A
6. und wirft diesen mit einem Schleuderwurf zu Boden.
7.-8. V begibt sich in die Mountposition, hält dabei den rechten Arm kontrolliert,
9. rutscht mit dem rechten Knie über den linken Arm von A,
10. stellt seinen linken Fuß direkt neben die linke Kopfseite von A, dabei zeigen die Zehen nach vorn und führt einen Armstreckhebel über die linke Leiste aus.

1.-2. A führt einen Fußstoß vorwärts mit rechts zum Bauch von V aus. V führt eine Schrittdrehung 90° rückwärts mit gleichzeitigem Unterarmblock nach unten innen links aus. Dabei schützt die rechte Hand den eigenen Kopf.

3. Es folgt ein Handballenstoß mit rechts zum Kopf von A.
4. V setzt das linke Bein nach hinten ab
5. und beendet die Kombination mit einem Schienbeintritt zum linken hinteren Oberschenkel.

### 6.1.2 Nach außen

1. A führt einen Messerschnitt von rechts oben außen zum Hals von V aus (Messerschnitt Nr. 1).
   V führt einen Unterarmblock mit links nach außen und gleichzeitiger Handstich zu den Augen mit rechts.

2.-4. Den Waffenarm mit rechts nach oben außen weiterleiten,

5. bis die Messerspitze Richtung Boden zeigt. Dabei erfasst die rechte Hand die Waffenhand am Daumenballen (damit wird der Griff von A geöffnet). Der linke Unterarm wird an der flachen, breiten Seite des Messers positioniert.

6. Mit dem linken Unterarm wird Druck nach vorn ausgeführt und das Messer so aus der Hand gehebelt.

7. Nun positioniert V seinen linken Unterarm auf As rechtem Unterarm, zieht mit rechts an As rechtem Arm und macht gleichzeitig starken Druck 45° nach unten mit dem linken Arm (dadurch bewegt sich A schnell nach vorn). Hier könnte man in diesem Zusammenhang A direkt in einen Kopfstoß von V ziehen.

2

3

8. Vs rechte Hand erfasst den Hals von A, die linke Hand wird in den Lendenbereich von A gelegt
9.-10. und A mittels Körperabbiegen Richtung Boden gebracht.
11. V ergreift mit links das Handgelenk und die rechte Hand wird auf dem Ellenbogen positioniert.

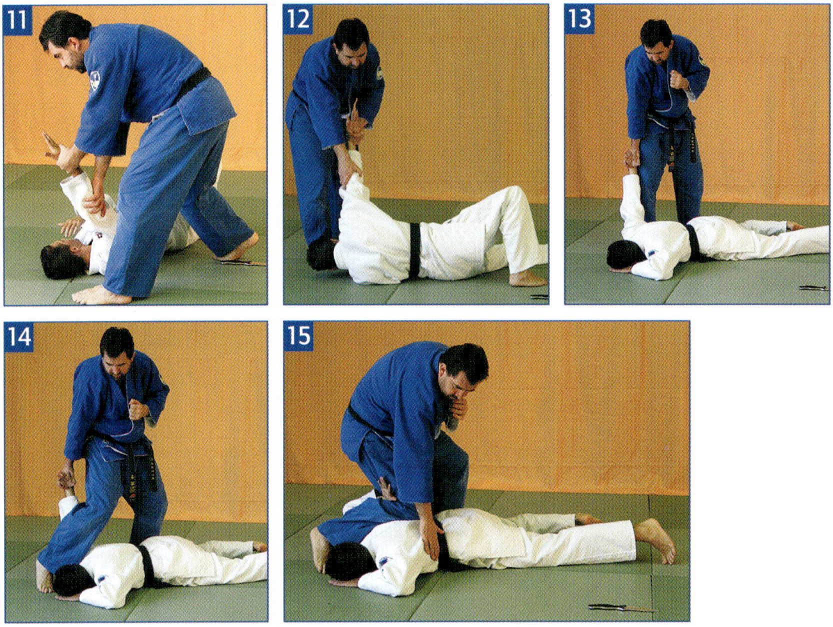


12.-13. Durch Zug an der Hand und Druck auf dem Ellenbogen wird A in die Bauchlage gedreht.

14. V stellt sein rechtes Bein über den rechten Arm von A und wickelt den Arm um sein rechtes Bein.

15. Mit einem Kreuzfesselgriff (Armbeugehebel) mit dem Bein bcendct V dic Kombi nation.

1. A führt einen Faustschlag (Schwinger) mit links aus. V kontert mit einem Unterarmblock nach außen mit rechts.
2. A führt einen zweiten Faustschlag (Schwinger) mit rechts aus. V kontert mit einem Unterarmblock nach außen mit links.
3. V ergreift mit beiden Händen den Kopf von A
4. und führt einen Kopfstoß aus,
5. gefolgt von einer Variation der Doppelhandsichel, wie sie zum Beispiel im Luta-Livre unterrichtet wird: V kniet mit dem rechten Bein vor A und hat das linke Bein neben As rechtem Bein

aufgestellt. V umklammert beide Beine von A in Höhe der Kniekehlen und zieht die Beine von A so zusammen, dass sie in der X-Form stehen.

6. Durch Druck gegen die Beine bringt V A nach hinten zu Fall
7. und begibt sich sofort in die Kreuzposition.
8. Mit einem Armbeugehebel beendet er die Kombination.

1.-2. A führt einen Fußstoß vorwärts zum Bauch von V aus.
V kontert mit einem Unterarmblock nach unten außen rechts mit gleichzeitigem Schutz des Kopfs mit der linken Hand.

3. V macht mit links einen Schritt kreisförmig zurück,

4.-6. zieht A durch Druck an der rechten Schulter aus dem Gleichgewicht und führt eine Große Außensichel mit rechts aus.

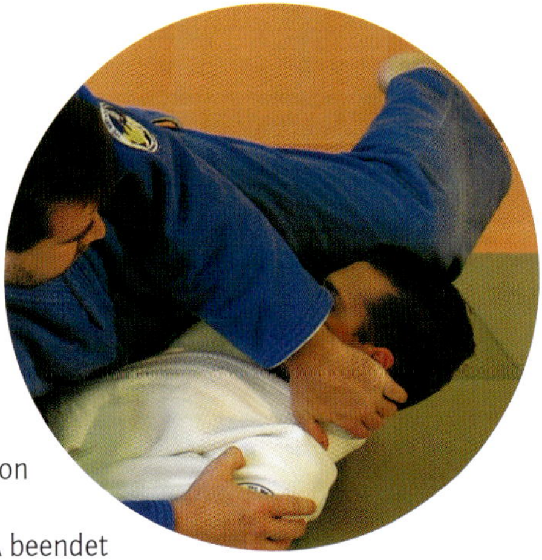

7. V begibt sich in die Seitposition. Der rechte Arm von A ist dabei zwischen seiner rechten Körperhälfte und dem rechten Oberschenkel von V eingeklemmt.
   Die linke Hand erfasst den Kopf von A von der linken Kopfseite her.
8. Ein Knieschlag mit links zum Kopf von A beendet die Kombination.

## 6.2 Eine Fußtechnik vorwärts (Mae-geri, Kin-geri)

- Nach Anheben des Knies und Strecken des Beins wird der Fuß ins Ziel geführt.
- Auftrefffläche können der Spann, der Fußballen oder die Ferse sein.
- Ausführungsmöglichkeiten:
  Geradlinig mit deutlichem Vorschieben der Hüfte (Stoß, Mae-geri)
  oder kreisförmig als Schnappbewegung (Tritt, Kin-geri) aus dem Kniegelenk
  oder in einer Kombination zwischen beiden.
- Ausführung mindestens horizontal oder höher.

1. A führt einen Schienbeintritt zum linken Oberschenkel von V aus.

2.-3. V zieht sein linkes Bein rechtzeitig zurück und fegt das angreifende Bein mit rechts nach außen.

4.-5. V beendet die Kombination mit einem Fußstoß vorwärts in den Rücken von A oder mit einem Fußtritt von hinten in den Genitalbereich.

1. A führt einen Griffansatz zum Hals aus.
2. V schlägt beide Arme über Kreuz nach unten,
3. führt mit rechts einen Fußtritt vorwärts zum Genitalbereich aus,
4. gefolgt von einem Fauststoß mit rechts zum Kopf.
5. Die rechte Hand greift von der rechten Kopfseite von A her den Nacken
6. und zieht den Kopf von A nach unten auf einen Knieschlag mit rechts.
7. Danach setzt V sein rechtes Bein nach hinten ab
8. und beendet die Kombination mit einem Schienbeintritt zum vorderen Bein von A.

## 6.3 Ein Faustsstoß (Oi-tsuki, Gyaku-tsuki)

- Die Faust ist geradlinig zum Ziel zu führen.
- Ausführungsmöglichkeiten:
  Als einzelner Fauststoß mit deutlichem Hüfteinsatz und der Auftrefffläche Knöchel von Zeige- und Mittelfinger
  oder als Kettenfauststöße, deren Ansatz vor der Körpermitte liegt, mit der Auftrefffläche Knöchel von Ringfinger und kleinem Finger.

1. A führt einen Schienbeintritt mit rechts zum Oberschenkel von V aus. V setzt einen Knieblock gegen das Schienbein von A an.

2.-4. Es folgt ein Kettenfauststoß (mehrere Fauststöße schnell hintereinander) zum Gesicht von A.

5. V zieht beide Daumen über die Augen von A,
6. erfasst As Genick
7. und führt einen Kopfstoß zum Kopf von A aus,
8. V führt einen Knieschlag zum Genitalbereich auf den Kopf von A aus.

9.-11. V zieht den Körper von A weiter in Richtung Boden.

12. V begibt sich in die Reitposition, hakt beide Beine unter denen von A ein, führt den rechten Unterarm unter den Nacken von A, positioniert die rechte Hand auf dem linken eigenen Bizeps, legt die linke Hand auf As Gesicht und die rechte Gesichtshälfte auf den eigenen rechten Handrücken, schiebt die rechte Schulter unter das Kinn von A. Durch Vorschieben des Körpers wird zum einen der Genickhebel verstärkt und zum anderen mit der Schulter Druck auf den Kiefer von A ausgeübt.

1. A führt einen geraden Fauststoß mit rechts zum Kopf aus, dabei steht der linke Fuß vorne.
   V kontert mit einem Passivblock mit rechts (Salut-Block).
2. Es folgt ein Haken mit links zum Kinn von A
3. und ein Fauststoß mit rechts zum Bauch.
4. V setzt sein linkes Bein zurück
5. und beendet die Kombination mit einem Schienbeintritt zum vorderen Bein von A.

1. A führt einen Fauststoß mit links aus und steht dabei links vorn. V führt eine Fegebewegung mit dem rechten Arm nach innen aus.
2. A führt einen zweiten Fauststoß mit rechts aus. V kontert nochmals mit einer Fegebewegung, diesmal mit dem linken Arm.
3. Fauststoß rechts zum Kinn.

4.-6. gefolgt von einer Variation der Doppelhandsichel, wie sie zum Beispiel im Luta-Livre unterrichtet wird:
V kniet mit dem rechten Bein vor A und hat das linke Bein neben As rechtem Bein aufgestellt. V umklammert beide Beine von A in Höhe der Kniekehlen und zieht die Beine von A so zusammen, dass sie in der X-Form stehen.

Durch Druck gegen die Beine bringt V A nach hinten zu Fall

7. und begibt sich in die Seitposition.
8. V bringt den rechten Arm von A über seinen Hals.
9. Mit dem Kopf gegen den rechten Oberarm (etwa in Schulterhöhe) drücken, mit rechts um den Nacken fassen, mit links das eigene rechte Handgelenk ergreifen. V legt sich direkt neben A und führt eine Würgetechnik mit den Armen aus.

## 6.4 Zwei Faustschläge (Age-tsuki, Mawashi-tsuki, Uraken-uchi)

- Die Faust wird kreisförmig zum Ziel geführt.
- In alle Richtungen gegen sich bietende Vitalpunkte.
- Ausführungsmöglichkeiten:
  Als Haken oder Faustrückenschlag (als Auftrefffläche Knöchel von Zeige- und Mittelfinger) oder als Hammerschlag mit Auftrefffläche Kleinfingerseite der Faust.

1. A erfasst mit der rechten Hand den linken Unterarm von V.
2. V kontert mit Grifflösen links, indem der eigene linke Ellenbogen zum rechten Ellenbogen des Angreifers gebracht wird.
3. V führt mit links Faustschlag (Rückhandschlag) zur Nase aus,

4. „klappt" danach den linken Arm nach innen unten und sichert dabei den linken und rechten Arm von A (Druck durch den eigenen Körper nach vorn).
5. Es folgt ein Fauststoß mit rechts zum Kinn.
6. Mit rechts von der rechten Kopfseite her den Nacken von A ergreifen
7. und mit rechts einen Knieschlag zum Kopf von A ausführen.

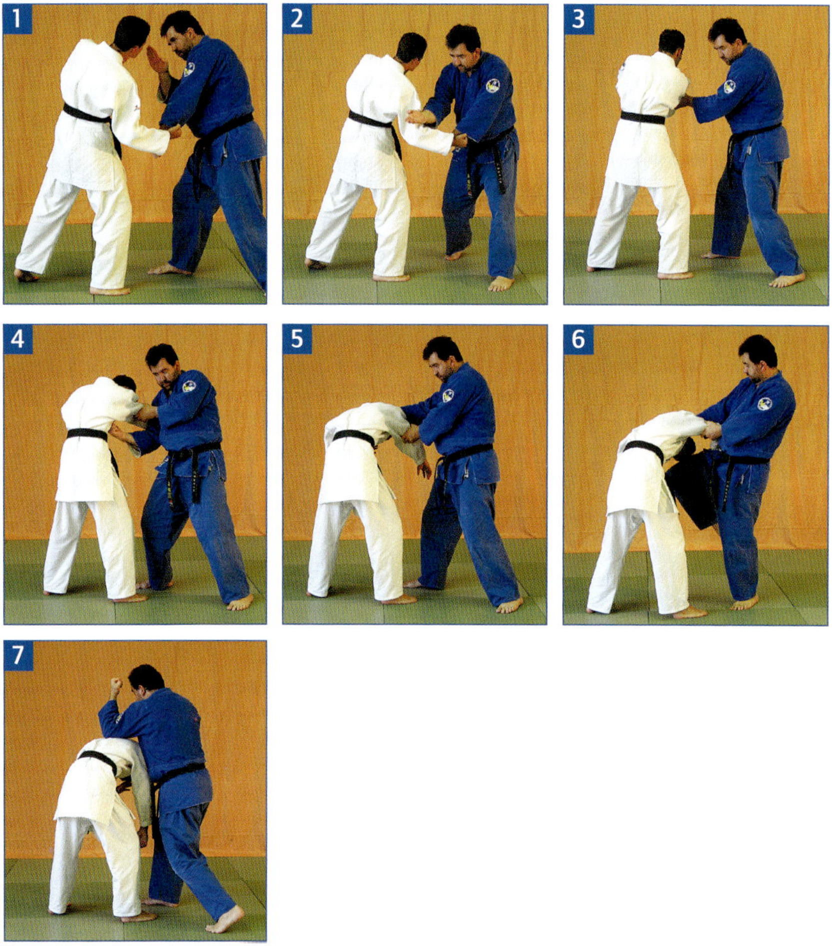

1. A führt einen Faustschlag mit rechts zur Milz von V aus. V kontert mit einem Unterarmblock mit links nach unten außen mit gleichzeitigem Handstich zu den Augen.
2. Mit rechts nach innen weiterleiten
3. und mit links checken.
4. Faustschlag (Aufwärtshaken) mit rechts zur Leber.
5. Danach ergreift die rechte Hand das Genick von A
6. und zieht den Kopf nach unten auf einen Knieschlag.
7. Ein Ellenbogenstoß abwärts zur Wirbelsäule beendet die Kombination.

1. A führt einen Fauststoß mit rechts zum Kopf aus und steht dabei mit links vorn. V kontert diesen mit Handfegen links nach innen mit gleichzeitigem Faustschlag (Gunting) mit rechts zum rechten Trizeps.

2.-3. Mit links den rechten Arm nach unten außen weiterleiten

4. zum Drehstreckhebel (Armstreckhebel).

5. Von hier bringt V A geradlinig zum Boden

6. und legt ihn damit fest.

1. A führt einen Fauststoß links aus und steht dabei links vorn. V kontert mit einer Fegebewegung mit rechts nach innen.
2. A führt einen weiteren Fauststoß mit rechts aus. V kontert auch den rechten Fauststoß mit rechts und fegt diesen nach rechts außen. V drückt den rechten Arm mit rechts nach oben.
3. Es folgt ein Faustschlag (Aufwärtshaken) mit links zum Kinn von A.
4. V führt mit rechts einen Fußfeger aus, da in dieser Position das rechte Bein von A entlastet ist.
5. Ein Kniestoß zu den Rippen von A beendet diese Kombination.

## 6.5 Zwei Armstreckhebel (Ude-gatame)

- Überstreckung des gegnerischen Ellenbogengelenks durch Zug am Arm und Druck am Ellenbogengelenk.
- Ausführungsmöglichkeiten: Alle Armstreckhebel, bei denen der Gegner sich im Stand oder in der Bodenlage befindet, nach freier Wahl des Prüflings; Beispiele finden sich in der Stoffsammlung.
- Die im Stand und in der Bodenlage des Gegners ausgeführte Technik kann identisch sein (z. B. 2 x Körperstreckhebel).

**6.5.1 Armstreckhebel im Stand**

**6.5.2 Armstreckhebel bei Bodenlage des Gegners**

Siehe Stoffsammlung am Ende des Buches unter „Armstreckhebel".

## 6.6 Zwei Armbeugehebel (Ude-garami)

- Jede Überdehnung des gebeugten gegnerischen Arms mit Wirkung auf das Ellenbogen- und/oder Schultergelenk.
- Festlegetechnik muss dazu geeignet sein, den Gegner an dessen gegenwärtiger Position zu fixieren und die Möglichkeit der Gegenwehr weit gehendst einzuschränken.

### Armbeugehebel

**Ausführung im Stand**

1

2

1. A führt mit rechts einen Faustschlag (Rückhandschlag) zum Kopf von V aus.
2. V ergreift mit rechts das rechte Handgelenk von A,
   führt seinen linken Arm um den rechten Arm von A
   und ergreift das eigene rechte Handgelenk, sodass ein Armbeugehebel angesetzt wird.
3. V zieht A kurz nach vorn aus dem Gleichgewicht,
4. nutzt die Energie von A, die er aufwendet, um den eigenen Arm zurückzuziehen und führt den Arm in Richtung der rechten Schulter von A.
   Dabei führt V einen Ellenbogenschlag mit rechts zum Kopf von A aus
5. und bringt danach A mit einem Armbeugehebel zu Boden.
6. V kniet sich mit beiden Beinen auf A ab und fixiert ihn mit einem Handbeugehebel als Festleger.

1. A führt einen Faustschlag (Schwinger) zum Kopf von V aus.
   V kontert mit einem Unterarmblock nach außen mit links,
2. ergreift mit links das rechte Handgelenk von A und führt mit rechts einen Knöchelfaustschlag (Gunting) zum Trizeps von A aus.
3. V positioniert den rechten Mittelfinger von außen in der Ellenbeugefalte,
4. drückt mit links gegen den Arm und zieht mit rechts den Ellenbogen nach oben, sodass ein Armbeugehebel zur Anwendung kommt.
5. V bringt A mit diesem Armbeugehebel zu Boden,
6. positioniert das rechte Schienbein am rechten Oberarm
7. und dreht A in die Bauchlage.
   V legt A mit einem Armstreckhebel am Boden fest.

1. A führt Stockschlag Nr. 1 (von oben außen zum Kopf von V) aus.
2. V kontert mit Handfegen (Rückhand) gegen den Uhrzeigersinn nach unten außen mit rechts, mit gleichzeitigem Handstich zu den Augen links.
3. V positioniert die linke Hand unter dem rechten Ellenbogen von A und führt mit rechts einen weiteren Fingerstich zu den Augen aus.
4. Den Waffenarm von A mit rechts ergreifen (Kontrolle des waffenführenden Arms).
5. Den Arm in Richtung As Körper führen und einen Stockschlag zu As Schienbein/Knie ausführen.

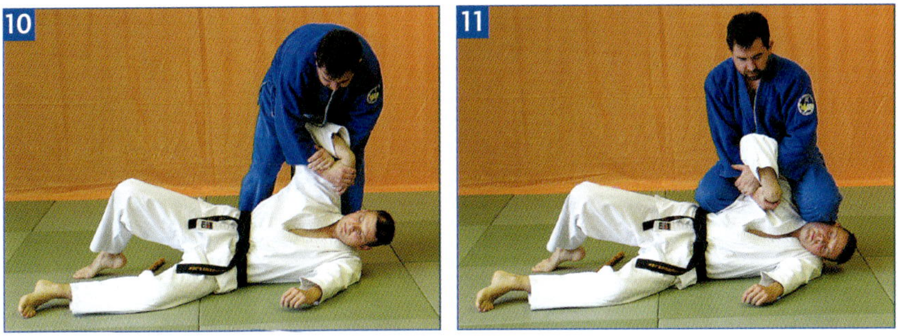

6. Den Arm weiter hinter A führen.
   Den Stock auf As Rücken in Höhe der Nieren legen
7. und die rechte Hand von A ganz dicht an seinem Oberkörper entlangziehen, dadurch wird A entwaffnet (über den Körper).
8. Mit links über den rechten Arm von A greifen,
   das eigene rechte Handgelenk erfassen
   und einen Armbeugehebel ansetzen.
9. Den Arm in Richtung rechter Schulter von A führen und dabei mit rechts einen Ellenbogenschlag zu As Kopf ausführen.
10. Danach wird A mit einem Armbeugehebel zu Boden gebracht
11. und mit einem Handbeugehebel am Boden festgelegt.

1. A führt Messerstich Nr. 5 (Stich zum Bauch) von V aus.
2. V kontert mit einem Unterarmblock nach unten außen rechts, wobei die Hand offen und der Unterarm angespannt ist. Gleichzeitig führt er mit links einen Fingerstich (Störtechnik) zu den Augen von A aus.
3. V ergreift mit links den rechten Daumenballen,

4. führt die Waffenhand gegen den Uhrzeigersinn nach links oben außen,
5. nimmt mit rechts das Messer aus der Hand von A,
6. führt den rechten Arm gegen den Uhrzeigersinn um den Arm von A und positioniert den Messerknauf auf der Brust von A.
7. V begibt sich in den Rücken von A, greift mit der linken Hand von vorn um den Hals von A und tief in dessen Revers.
8. Mit einem Stoppfußstoß zwingt V A, sich zu knien, dabei lässt V seinen rechten Fuß in der Kniekehle von A, damit dieser nicht aufstehen kann.

1. A steht hinter V und bedroht ihn mit der Pistole, dabei ist die Pistole auf Vs Rücken aufgesetzt.
   V nimmt die Hände hoch,
2. dreht sich im Uhrzeigersinn nach rechts,
3. führt den rechten Arm gegen den Uhrzeigersinn von unten um den Waffenarm von A,
   setzt einen Armbeugehebel an,

4.-5. entwaffnet A mit links

6. und schlägt als Abschlusstechnik mit dem Pistolengriff zum Kopf von A.

## Ausführung als Festleger

1. A führt einen Griffansatz zu den Beinen von V beidhändig aus.
2. V stoppt A, indem er die linke Hand auf As Kopf positioniert und führt die rechte Hand unter dem Arm von A auf dessen Rücken,
3. legt die rechte Hand auf die linke Hand (die auf dem Hinterkopf von A liegt)
   und bringt A durch Druck nach vorn unten zu Fall.
4. V begibt sich dabei an die rechte Kopfseite von A,
5. kniet sich mit rechts auf dessen rechtem Oberarm ab,
   führt die linke Hand an As linkes Handgelenk.
   V setzt nun das linke Knie auf der anderen Seite von As Kopf ab (der Kopf von A ist zwischen beiden Beinen von V eingeklemmt),
   schiebt die rechte Hand unter der linken Hand von A durch und ergreift das eigene linke Handgelenk (Armbeugehebel verriegelt).
   V zieht den linken Arm von A in Richtung von dessen rechter Schulter, sodass der Armbeugehebel als Festleger richtig zur Wirkung kommt.

1. A führt mit rechts eine Ohrfeige aus.
2. V kontert mit diagonalem Handfegen rechts nach links außen.
3. Die linke Hand übernimmt die Kontrolle des rechten Arms.
4. Handkantenschlag mit rechts zum Hals.
5. Große Innensichel.

6.-7. Mit rechts über das linke Bein abknien.

8. Übergang zur Kreuzposition (Sidemount-/Crossposition).
   Das eigene linke Bein über Kreuz nach rechts außen abstellen.

9. Das rechte Bein dann unter dem linken Bein durchziehen.
10. Mit rechts das rechte Handgelenk von A ergreifen.
Mit links unter dem rechten Arm von A durchgreifen und das eigene rechte Handgelenk erfassen.
Die eigenen Handgelenke nach oben drücken (als wenn man beim Motorradfahren Gas geben würde).
Den rechten Ellenbogen von A zu seiner rechten Hüfte ziehen.
Die rechte Hand am Boden fixieren
und mit links den rechten Oberarm von A nach oben drücken und einen Armbeugehebel als Festleger ansetzen.

1. A gibt V die Hand und führt Handpressen durch.
2. V schockt A mit einem Fußtritt mit rechts zum rechten Schienbein,
3. setzt den rechten Fuß nach vorn hinter A ab,
dreht die gefasste Hand von A gegen den Uhrzeigersinn
4.-5. und bringt A mit einem umgekehrten Kipphandhebel zu Boden.
6. Es folgt ein Fußstoß seitwärts zum Kopf.

7. Danach setzt V sein rechtes Bein nach vorn ab, positioniert die linke Hand auf As rechten Ellenbogen
8. und dreht diesen in die Bauchlage. V stellt sein rechtes Bein über den gestreckten Arm von A
9. und wickelt den Arm um sein rechtes Bein, kniet sich ab und legt A mit einem Kreuzfesselgriff (Armbeugehebel) mit dem Bein fest.

1. A hat V umgestoßen und befindet sich zwischen dessen Beinen. A hat seinen rechten Arm auf den Boden aufgestellt.
2. V erfasst mit links das rechte Handgelenk, führt mit rechts einen Handstich zum Hals aus,
3. schlägt den linken Arm von A nach rechts außen,
4. hebt den Oberkörper nach links oben an, greift mit rechts über den rechten Arm von A,
5. ergreift sein eigenes linkes Handgelenk,
6. bringt die Hüfte etwas nach links außen und dreht den gebeugten Arm (Armbeugehebel) in Richtung der linken Schulter von A und blockiert A mit den Beinen auf dessen Rücken.

1. A führt mit rechts einen Faustschlag (Schwinger) zum Kopf von V aus.
2. V kontert mit einem Passivblock mit links,
3. macht mit rechts einen Ausfallschritt nach vorn,
   greift mit rechts über den linken Arm von A. Dabei steht V im Winkel von 90° zu A. Den Kopf hat V an der Brust von A und die linke Hand sichert die rechte Hand von A.
4. Nun bringt V die Hüfte vor A. V behält dabei aber Vorlage.

5.-7. V wirft A mit Hüftwurf zu Boden,

10

11

8. begibt sich in die Reitposition. Dabei hakt V die Beine unter denen von A ein,

9.-10. drückt mit beiden Armen As rechten Arm auf den Boden.

11. Der linke Arm wird unter dem rechten Arm von A durchgeschoben und ergreift das eigene rechte Handgelenk. Dabei wird ein Armbeugehebel angesetzt. V bringt die eigenen Handgelenke nach oben (so, als wolle er „Gas geben"), zieht As Ellenbogen in Richtung rechter Hüfte und legt A mit einem Armbeugehebel am Boden fest.

### Ausführung als Transporttechnik

1. A führt einen Stockschlag Nr. 3 (waagerecht von rechts außen) zur Hüfte von V aus.
2. V fegt den Waffenarm diagonal mit rechts nach unten außen mit gleichzeitigem Fingerstich (Störtechnik) zu den Augen.
3. Die linke Hand übernimmt das rechte Handgelenk (Kontrolle des waffenführenden Arms)

1

2

3

4. und die rechte Hand hebelt den Stock mit dem Unterarm aus der rechten Hand von A.
5. Dabei wird in der gleichen Bewegung ein Fingerstich mit rechts zu den Augen platziert.
6. V führt seinen rechten Arm kreisförmig nach außen unten innen,
   greift mit dem rechten Mittelfinger in die rechte Ellenbogenfalte von A
7. und bringt A mit Armbeugehebel zu Boden.
   V positioniert die rechte Hand am rechten Ellenbogen von A
8. und dreht diesen in die Bauchlage.
9. V positioniert die linke Hand nah am rechten Ellenbogen, sichert dabei mit der rechten Hand die linke Schulter, damit sich A nicht dreht,
10. bringt A durch Anheben des eigenen linken Arms dazu, aufzustehen, dabei wechselt V mit der rechten Hand zum Kopf von A und zieht diesen in den Nacken.
    Mit einem Kreuzfesselgriff (Armbeugehebel zum Transport) wird A transportiert.

1. A ergreift mit rechts das linke Revers von V und führt mit links einen Faustschlag (Schwinger) zum Kopf von V aus.
2. V kontert diesen mit einem Unterarmblock nach außen rechts. Die linke Hand fixiert gleichzeitig die rechte Hand von A am eigenen Oberkörper.
3. V führt einen Faustst0ß zum Solarplexus aus.
4. Die rechte Hand von V ergreift von hinten den Oberarm von A,
5. zieht diesen nach vorn und schiebt gleichzeitig den Unterarm nach hinten.
6. V ergreift mit der linken Hand den rechten Oberarm von A nah am Ellenbogen
7. und beendet die Kombination mit einem Kreuzfesselgriff (Armbeugehebel zum Transport).

1. A würgt V von hinten mit dem Unterarm.
2. V führt mit dem linken Daumen einen Fingerstich zum linken Auge von A aus.
3. V öffnet die Umklammerung,
4. begibt sich unter dem Arm von A hindurch nach hinten,
5. führt den rechten Arm von A auf dessen Rücken zum Armbeugehebel,
   ergreift mit links von oben in die Augen von A
   und transportiert diesen mit Armbeugehebel in Kombination mit Nervendruck.

## 6.7 Ein Hüftwurf (O-goshi) oder Hüftrad (Koshi-guruma)

- Das Gleichgewicht brechen nach vorne durch Zug oder Atemitechnik.
- Eindrehbewegung in den Parallelstand mit Unterlaufen des KSPg.
- Der Wurf erfolgt durch Strecken der Beine mit Ausheben des Gegners und Drehung des Oberkörpers.
- Stand beim Hüftwurf: Direkt vor dem Gegner mit Wurf über die Hüfte.
  Stand beim Hüftrad: Quer zum Gegner, liegt außerhalb, Wurf erfolgt über den Rücken.
- Griffart frei wählbar.

### Hüftrad

1. A führt einen Griff ins Revers mit rechts und einen Fauststoß mit links aus.
2. V sichert mit links die rechte Hand von A und fegt mit rechts die Schlaghand nach innen.
3. Mit links den linken Arm von A übernehmen und nach unten führen/ziehen (die Arme des Angreifers sind jetzt über Kreuz).
4. Mit rechts wieder die Schlaghand nehmen, den Körper jetzt eindrehen

5.-8. und ein Hüftrad ausführen.

9. V steigt mit beiden Beinen (zuerst links, dann rechts) über A
10. und beendet die Kombination mit einem Seitstreckhebel (Armstreckhebel).

1. A führt das „Würgen von hinten, beidhändig" aus.
2. V hebt die linke Hand senkrecht an und klemmt dabei die linke Hand von A am eigenen Hals ein.
3. Nun dreht sich V gegen den Uhrzeigersinn vor A. Durch das Drehen erfolgt ein Grifflösen.
4. Mit links greift V über die Arme von A.
5. Der rechte Arm wird um den Hals von A geführt.
   V dreht sich zum Hüftrad ein, sodass die Hüfte außerhalb liegt

6.-7. und wirft V nach vorn.
8. V begibt sich in die Reitposition,
9. hakt beide Beine unter denen von A ein, legt den rechten Arm unter den Nacken von A, positioniert die rechte Hand am eigenen linken Bizeps, legt die linke Hand auf As rechte Gesichtshälfte und seine eigene rechte Gesichtshälfte auf seine linke Hand. Die Schulter positioniert V unter/vor dem Kiefer von A. Nun macht V Druck nach vorn, sodass der Genickhebel zur Wirkung kommt.

### Hüftwurf

1. A führt das „Würgen von der Seite, beidhändig" aus.
2. V kontert mit einem Ellenbogenstoß seitwärts rechts.
3. V zieht A zu sich und dreht sich dabei in den Parallelstand.

2

3

4.-5. V bringt A mittels Hüftwurf zu Boden

6.-7. V führt einen Fußtritt mit rechts in die kurzen Rippen, dreht A in die Bauchlage

8. und beendet die Kombination mit einem Armstreckhebel über die Leiste.

1. A führt einen Schwinger mit rechts aus.
   V kontert mit einem Unterarmblock nach außen mit links.
2. Es folgt ein Ausfallschritt mit rechts nach rechts vorn, sodass V 90° zu A steht.
   V hat den rechten Arm über dem linken Arm von A und seinen Kopf auf der Brust von A, die linke Hand sichert die rechte Hand von A.
3. Nun bringt V seine Hüfte vor A. Der Oberkörper ist dabei nach vorn geneigt

4.-6. und führt einen Hüftwurf aus.

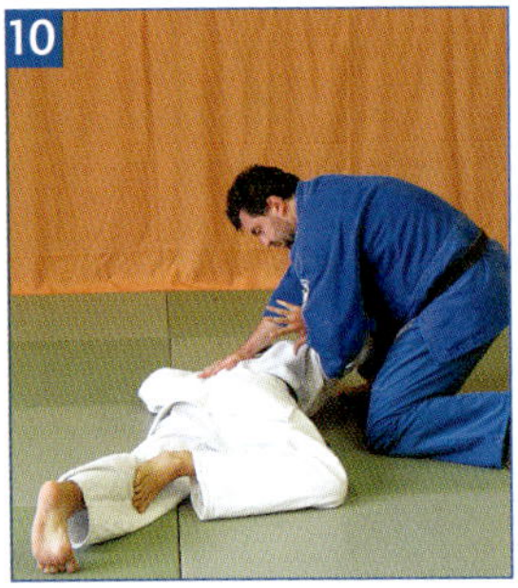

7. V ergreift mit links das rechte Handgelenk von A und drückt mit rechts gegen den rechten Ellenbogen von A.
8. Durch Zug am Handgelenk und Druck auf den Ellenbogen wird A in die Bauchlage gedreht.
9. V positioniert die linke Hand nah am rechten Ellenbogen und setzt einen Kreuzfesselgriff (Armbeugehebel) in der Bodenlage an.
10. Die rechte Hand sichert dabei die linke Schulter von A, damit sich dieser nicht nach hinten drehen und einen Ellenbogenschlag ausführen kann.

11.-12. Aus dieser Position drückt V nach vorn und bringt A zum Aufstehen. Mit Kreuzfesselgriff wird A transportiert.

## 6.8 Eine Große Außensichel (O-soto-gari)

- Das Gleichgewicht brechen, nach hinten, zur Seite, durch Zug und Druck bzw. Atemtechnik.
- Der seitlich neben dem Angreifer stehende Verteidiger schwingt sein gegnernahes Bein von außen zwischen den Beinen des Angreifers hindurch und sichelt dabei dessen Standbein weg, wodurch dieser seitlich nach hinten zu Fall kommt.
- Griffart frei wählbar.

1. A ergreift mit links das gegenüberliegende Handgelenk und führt mit rechts eine Ohrfeige aus.
   V kontert mit einem Unterarmblock nach oben außen mit links.
2. Es folgt ein Grifflösen mit rechts, indem mit dem eigenen Ellenbogen über den Arm von A gerollt wird.

3. Danach wird ein Ellenbogenstoß mit rechts zur Brust und ein gleichzeitiger Handstich zum Hals mit links ausgeführt.
4. V „klappt" den Ellenbogen nach oben zum Kinn von A.
5. Mit der rechten Hand dreht V das Gesicht von A nach rechts. Dabei bewegt sich V selbst nach links und kontrolliert dabei den freien rechten Arm von A.
6. Nun wird das Gleichgewicht von A nach links hinten (45°) „gebrochen"

7. 8. und eine Große Außensichel ausgeführt.

9. Ein Fußstoß abwärts wird als Abschlusstechnik eingesetzt.

1. A führt mit rechts einen Schwinger aus. V blockt diesen mit einem Unterarm nach außen links
2. und schlägt gleichzeitig mit rechts einen Handballenschlag zum Kopf von A.
3. V greift mit links über den Schlagarm und fixiert den Arm in Höhe des Trizeps, zieht A nach links hinten aus dem Gleichgewicht.

4.-6. V wirft ihn mit der Großen Außensichel seitlich nach hinten zu Boden,

7. kniet sich mit dem linken Knie auf As Hals und mit dem rechten Knie auf dessen rechter Seite ab und legt A mit Armriegel von innen (Armstreckhebel) fest.

1. A ergreift mit beiden Händen die Revers von V.
2. V führt einen Fauststoß mit rechts zum Solarplexus aus.
3. V schiebt die rechte Hand zwischen die Arme von A, ergreift mit links von außen die eigene rechte Hand,
4. führt mit deutlichem Körpereinsatz ein Griffsprengen zuerst nach links

5. und dann nach rechts aus,
6. ergreift mit links den rechten Oberarm in Höhe des Trizeps und mit rechts das linke Revers/oder den Hals von A, bringt A 45° nach links hinten aus dem Gleichgewicht
7.-10. und wirft ihn seitlich nach hinten mit Großer Außensichel zu Boden.
11.-12. V dreht A in die Bauchlage, indem er das rechte Handgelenk fasst und mit der rechten Hand Druck auf den rechten Ellenbogen von A ausführt
13. und legt ihn mit einem Handdrehbeugehebel fest.

# 7 Weiterführungstechniken

## 7.1 Wechsel von Armbeugehebel zu Armstreckhebel

- Demonstration mit Partner. Ausgangsposition: Diagonale Hand von außen am Handgelenk des Partners, Druck mit freier Hand, Handkante oder Unterarm am Ellenbogengelenk.
- Wird der zu hebelnde Arm in Richtung Oberkörper gebeugt, so reagiert der Prüfling mit Wechsel in Armbeugehebel (Verriegelungsgriff).
- Wird der gebeugte Arm wieder gestreckt, so erfolgt ein erneuter Wechsel in Armstreckhebel.
- Die Ausführung ist beidseitig zu demonstrieren.

# 8 Gegentechniken (Gaeshi-waza)

## 8.1 Verhindern eines Wurfs nach vorn

### 8.1.1 Durch Aussteigen

- Der Partner setzt beim Prüfling z. B. einen Hüftwurf an.
- Durch seitliches Ausweichen vom Partner während oder nach der Eindrehphase wird ein Ausheben und damit der Wurf verhindert.
- Der Prüfling muss beide Möglichkeiten (Ausweichen nach rechts und links) demonstrieren.
- Folgetechniken seitens des Prüflings sind möglich, aber nicht erforderlich.

**Gegen die Wurfrichtung**

**In Wurfrichtung**

### 8.1.2 Durch Blockieren

- Der Partner setzt beim Prüfling z. B. ein Hüftrad an:
  a) Durch Absenken und Vorschieben der Hüfte während der Eindrehphase.
  b) Durch Gegendruck (bzw. Atemi) mit dem Handballen an der Hüfte.
  c) Gleichzeitiges Absenken und Vorschieben der Hüfte während der Eindrehphase und Gegendruck (bzw. Atemi) mit dem Handballen an der Hüfte, wodurch ein vollständiges Eindrehen zum Wurf verhindert wird.
- Der Prüfling muss zwei Möglichkeiten demonstrieren.

**Durch Absenken der Hüfte**

**In Wurfrichtung**

# 9 Freie Selbstverteidigung

## 9.1 Freie Selbstverteidigung gegen fünf Festhalteangriffe (Duo-Serie 1)

- Der Verteidiger darf sich im Rahmen seiner Möglichkeiten frei verteidigen.
- Die Auswahl der Verteidigungstechniken ist dem Prüfling überlassen.
- Die Angriffe sind dynamisch auszuführen, die Verteidigung erfolgt unmittelbar auf den Angriff.
- Bewertet werden: Effektivität, Dynamik, korrekte Distanz und Gesamteindruck.

### 9.1.1 Angriff 1: Ein Handgelenk wird mit beiden Händen gefasst

1.-2. V führt einen Handstich mit links zum Hals mit gleichzeitigem Grifflösen rechts aus.

3. Die linke Hand schlägt die gegnerischen Arme weg und gleichzeitig wird mit rechts ein Handballenstoß mit rechts zum Kinn ausgeführt.

4. V stellt das rechte Bein hinter As rechtes Bein

2

3

4

5

6

7

8

5.-6. und bringt A mittels Beinstellen zu Boden.

7. V steigt mit beiden Beinen über A (zuerst links, dann rechts)

8. und kontrolliert A mittels Seitstreckhebel (Armstreckhebel) am Boden.

1.-3. V bringt A in eine Drehbewegung im Uhrzeigersinn und hat dabei seine linke Hand im Nacken von A positioniert.
4. V dreht sich plötzlich wieder zurück,
5. führt seinen rechten Arm in Richtung Hals von A, positioniert den linken Arm am Nacken von A
6. und bringt so A nach hinten mit Körperrückstoß zu Fall.

1.-2. V greift mit links zwischen die Hände von A und ergreift seine eigene rechte Hand,
3. reißt diese nach oben (Griff lösen).
4. V führt einen Rückhandschlag mit rechts zum Kopf von A aus.
5. Danach blockiert V mit dem rechten Arm beide Arme von A
6. und führt einen Fauststoß mit links zum Kopf von A aus.

### 9.1.2 Angriff 2: Einhändiger Griff ins Revers (diagonal)

1.-2. V führt eine Ohrfeige mit rechts aus und führt die Hand weiter zur linken Seite, sichert dabei gleichzeitig das rechte Handgelenk von A mit der linken Hand.

3. V führt den rechten Arm über den rechten Arm (in Höhe des Ellenbogens) zum Armbeugehebel.

4. Die linke Hand löst den Griff am rechten Handgelenk und drückt As rechte Gesichtshälfte nach links.

2

3

4

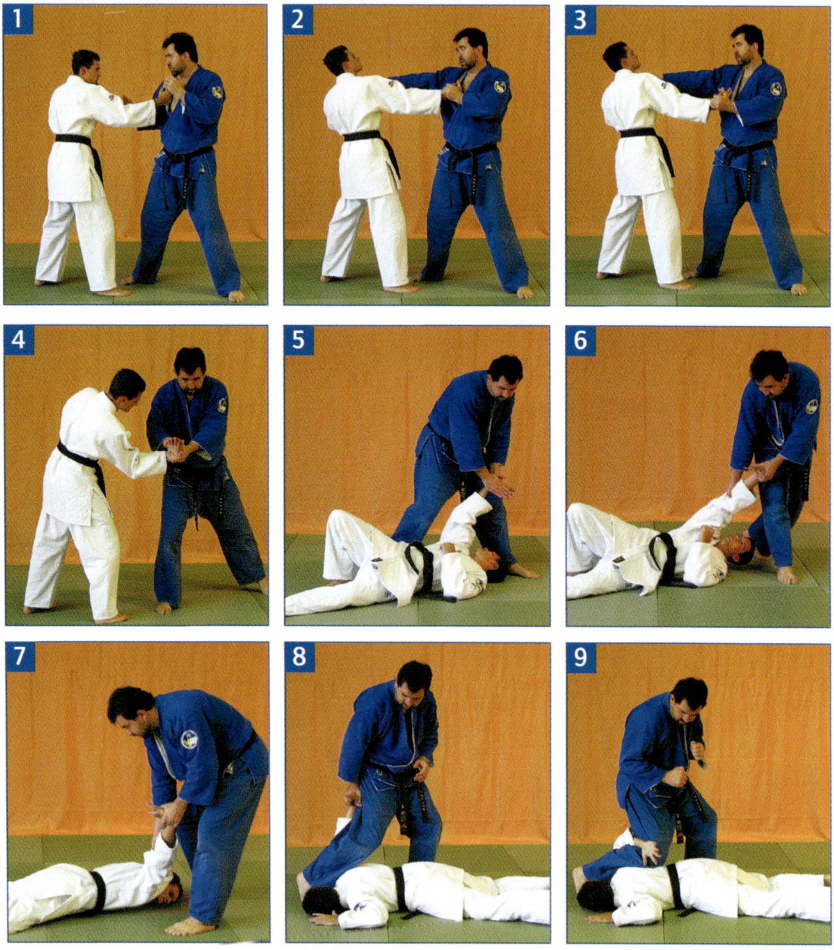


1.-2. V führt mit rechts einen Handstich zum Hals von A aus. Gleichzeitig ergreift er mit links das rechte Handgelenk von A
3. und reißt es vom Revers.
4. V führt in Kombination mit einer Schrittdrehung von 90° einen Kipphandhebel aus,
5.-7. bringt A in die Bauchlage, indem die linke Hand das rechte Handgelenk und die rechte Hand am rechten Ellenbogen von A positioniert wird.
8. V führt den rechten Arm von A um sein rechtes Bein
9. und legt ihn mit einem Kreuzfesselgriff (Armbeugehebel) mit dem Bein fest.

1.-2. V führt mit rechts einen Handballenstoß zum Kinn aus und sichert mit links das rechte Handgelenk von A.

3.-5. Ergreift nun mit rechts die rechte Hand von A und führt einen Handdrehbeugehebel aus.

6. Durch einen geradlinigen Zug bringt V A auf den Boden und sichert ihn dort mit einem Armstreckhebel.

### 9.1.3 Angriff 3: Würge von vorn mit beiden Händen

1.-2. V führt einen Handstich mit rechts in die Kehlkopfgrube von A aus.

3. V führt danach seinen rechten Arm über den rechten Arm von A und setzt einen Armbeugehebel an.
   Mit links den Kopf von A auf die linke Seite drücken.

4. V begibt sich in den Rücken von A, ergreift mit rechts das linke Revers und mit rechts weit in den Kragen und führt so eine Würgetechnik mit der Kleidung aus.

5. Danach führt V mit rechts einen Tritt in die rechte Kniekehle von A aus. Bis zur Aufgabe von A belässt V seinen rechten Fuß in As Kniekehle, um ein Aufstehen zu verhindern.

2

3

4

5

1.-2. V führt mit rechts einen Fauststoß zum Bauch von A aus.
3.-5. Mit dem rechten Arm von außen nach innen die Arme wegschlagen (kreisförmig).
6. V begibt sich in den Rücken von A,
7. hebt A ca. 20 cm aus,
8. lässt ihn in die Knie sacken,

9. geht mit ihm zu Boden, bringt beide Beine über die von A, sichert mit links den linken Arm von A, bringt seinen rechten Arm vor As Hals und legt die rechte Hand auf seine linke Schulter.
10. V schiebt die linke Hand hinter As Kopf (Handrücken ist hinter dem Kopf) und würgt A mit „freiem Würgen mit dem Unterarm".

### 9.1.4 Angriff 4: Würge von der Seite mit beiden Händen

1.-2. V führt einen Handstich mit rechts zur Kehlkopfgrube von A aus und sichert gleichzeitig mit links die rechte Hand.

2.-3. Nun reißt V die rechte Hand von A nach unten und setzt einen Kipphandhebel an.

4. Die rechte Hand ergreift das rechte Handgelenk von A und mit links greift er nach dessen rechten Ellenbogen.

5.-6. V winkelt den rechten Arm von A an und „kurbelt" A in die Bauchlage.
V dreht den rechten Arm zum Armbeugehebel auf den Rücken und kniet sich mit beiden Beinen auf As Rücken ab. Eventuell kann V noch den Kopf von A an den Haaren nach hinten ziehen.

1.-2. V streckt den rechten Arm nach vorn oben am rechten Arm von A vorbei.
3. V dreht sich ruckartig nach rechts und sprengt damit den Griff von A.
4.-6. V dreht sich weiter und klemmt mit links von unten beide Arme von A ein,
7.-8. danach führt V einen Schulterwurf durch,
9. übersteigt mit beiden Beinen (zuerst links, dann rechts) den Oberkörper von A
10. und legt diesen mittels Seitstreckhebel (Armstreckhebel) fest.

1.-2. V greift mit dem rechten Daumen in As linkes Auge (mehr ein Wischer),
3. fegt mit links die rechte Hand von A etwas nach außen,
4. greift mit rechts über den Ellenbogen und fegt beide Arme von A nach außen. Darauf folgt ein Aufwärtshaken mit links.
5. Ein Fauststoß mit rechts.
6. V setzt seinen linken Fuß nach hinten ab
7. und beendet die Kombination mit einem Schienbeintritt rechts zum vorderen Bein von A.

### 9.1.5 Angriff 5: Griff in die Jacke (Schulterbereich) einhändig, von der Seite

1.-2. V bringt den rechten Arm nach oben innen, bis der kleine Finger der gegnerischen Hand nach oben zeigt.

3. Nun ergreift V die linke Hand von A und führt einen Handseithebel aus.

4. V positioniert die Finger der rechten Hand am linken Ellenbogen von A, zieht den Ellenbogen nach außen und führt einen Handdrehhebel aus. A geht dadurch in die Knie, mit einem Knieschlag zum Kinn des Angreifers wird die Kombination beendet.

1.-2. V führt eine Schrittdrehung von 90° vorwärts aus und macht gleichzeitig mit links einen Fingerstich zu As Kehlkopfgrube.

3. V schlägt nun mit links den linken Arm von A weg und führt zeitgleich einen Handballenstoß zum Gesicht von A aus.

4. Die linke Hand wird auf das Gesicht von A gelegt und der Kopf nach hinten gedrückt

5. und mit rechts ein Ellenbogenschlag auf die linke Nackenmuskulatur/Hals von A ausgeführt.

1.-2. V führt eine Schrittdrehung von 90° vorwärts aus und fährt zeitgleich in einer kreisförmigen Bewegung nach außen mit den Fingern der rechten Hand über die Augen von A.

3. V führt den rechten Arm um den linken Arm von A

4. und setzt einen Armbeugehebel an.

5. Den Mittelfinger der linken Hand positioniert V in der Grube unter dem linken Ohr von A und führt so einen Nervendruck aus.

# 10 Freie Anwendungsformen

## 10.1 Im Bereich der Bodentechniken

- Auseinandersetzung mit Körperkontakt am Boden.
- Ein Partner bringt den anderen aus dem Stand (z. B. mit Beinstellen) in die Bodenlage und folgt ihm unmittelbar, wo dann die Auseinandersetzung beginnt; bei Unterbrechung oder Partnerwechsel gilt gleiche Ausgangsposition, jedoch soll der Prüfling je 1 x seinen Partner in die Bodenlage bringen und 1 x durch eine Technik in die Bodenlage gebracht werden.
- Ziel: Freie Anwendung zumindest der bisher erlernten Halte- und Befreiungstechniken.
- Die Anwendung von Hebeltechniken (z. B. Armstreckhebel) ist durchaus erwünscht.
- Nicht gestattet sind Atemi- und Nervendrucktechniken sowie Genickhebel.
- Schutzausrüstung: Männliche Prüflinge wenigstens Tiefschutz (Pflicht).
- Dauer: 1-2 Minuten mit Partnerwechsel (1 x)

## Übergreifende Techniken (Stoffsammlung)

Die Kombinationen in diesem Buch sind nur beispielhaft und sollen als Anregungen für den Interessierten dienen.

### Armstreckhebel

#### Ausführung im Stand

1. A führt einen Stockschlag Nr. 1 (Stockschlag von rechts oben außen zum Kopf) aus.
2. V leitet mit Dreier-Kontakt den angreifenden Arm nach innen:
   - Unterarmblock nach außen mit links.
   - Die rechte Hand wird unter den rechten Arm von A geführt.
   - Mit einer Fegebewegung (wie ein Scheibenwischer) wird der rechte Arm von A mit rechts nach rechts außen geführt
3. • und mit links das rechte Ellenbogengelenk fixiert.
4. Die rechte Hand ergreift das rechte Handgelenk von A.

1

2

3

4

5

6

Durch Zug am Handgelenk wird der Arm gestreckt und mittels Druck auf den Ellenbogen wird ein Armstreckhebel im Stand angesetzt.

5.-6. V bringt A mit diesem Armstreckhebel zu Boden,

7.-8. stellt sein rechtes Bein über den rechten Arm von A,

9. wickelt den rechten Arm um sein rechtes Bein

und beendet die Kombination mit einem Kreuzfesselgriff (Armbeugehebel) mit dem Bein als Festlegetechnik.

1. A greift beidhändig in Vs Revers.
2. V führt mit rechts einen Fauststoß zum Bauch von A aus und fixiert gleichzeitig mit der linken Hand das rechte Handgelenk von A.
3. V „rollt" mit dem linken Ellenbogen über den rechten Arm von A,
4. ergreift auch mit der rechten Hand das rechte Handgelenk von A,
   macht einen kleinen Schritt nach rechts,
   erzeugt mit dem linken Arm Druck von oben auf den Ellenbogen von A und führt einen Körperstreckhebel (Armstreckhebel) aus.

1. A führt einen Stockschlag Nr. 2 (von links oben innen zum Kopf von V) aus.
2. V leitet (Handfegen) die Waffenhand mit links im Uhrzeigersinn nach unten außen links, führt mit rechts einen Fingerstich zu den Augen aus,
3. fegt den Arm in einen Drehstreckhebel (Armstreckhebel).
4. V zieht A geradlinig zu Boden,
5. führt mit rechts die Entwaffnung durch
   und legt den Angreifer mit Drehstreckhebel (Armstreckhebel) am Boden fest.

1. A ergreift mit rechts das diagonale Handgelenk von V.
2. V kontert mit einem Fußtritt mit links ans rechte Schienbein.
3. V führt das eigene Bein weiter nach rechts und stellt es in einem Winkel von ca. 90° zu A ab. Dabei zieht V As rechten Arm nach vorn unten,
4. führt in einer weiteren Bewegung unter ständigem Zug den rechten Arm über die eigene linke Schulter
5. und führt einen Armstreckhebel über die Schulter aus.
6. V dreht sich danach weiter im Uhrzeigersinn

7. und bringt A mit einem Schwertwurf zu Boden.
8. V zieht am rechten Handgelenk von A nach oben und positioniert seine rechte Hand auf dessen Ellenbogen.
9. Durch Zug an der Hand und Druck auf den Ellenbogen wird A in der Bodenlage mit einem Armstreckhebel festgelegt.

1. A führt einen Messerschnitt Nr. 2 (von oben innen zum Hals von V) aus.
2. V nimmt den Messerarm mit dem linken Handrücken auf und führt gleichzeitig mit rechts einen Fingerstich zu den Augen von A aus.
3. Mit einem Handfeger bringt er den Waffenarm im Uhrzeigersinn nach links außen,
   geht mit rechts einen Schritt vor
   und kontrolliert A mit einem umgekehrten Körperstreckhebel (Armstreckhebel).
4. V entnimmt A das Messer mit der rechten Hand,
5. führt eine Schrittdrehung ca. 180° rückwärts aus und sichert die rechte Hand von A mit einem Handdrehbeugehebel.
6. V platziert den Messerknauf nah am rechten Ellenbogen von A
7. und bringt A mit einem Armstreckhebel zu Boden.

### Ausführung am Boden

1. A stößt V Richtung Boden und würgt ihn mit beiden Händen. Dabei befindet sich A zwischen den Beinen von V. V kontrolliert A mittels Nierenschere.
2. V führt mit rechts einen Fingerstich zum Kehlkopf von A aus, fixiert aber dabei den rechten Unterarm mit seinem linken Arm am eigenen Körper.
3. V bringt den rechten Arm von A auf seine linke Körperseite (Richtung Leiste) und fixiert den Arm mit der rechten Hand. Mit links fixiert V den Kopf von A

(von dessen rechter Kopfseite her um den Nacken, damit A nicht aufstehen kann).
4. Nun „rollt" V mit links um den Kopf von A und drückt diesen auf die linke Seite.
5. V dreht seinen Körper um ca. 90° am Boden nach rechts,
6. schwingt sein linkes Bein über den Kopf von A, bringt sein rechtes Bein sehr nah an As linken Arm, das heißt, das rechte Bein liegt auf dem Rücken von A und die eigene Kniekehle ist neben dem linken Arm von A positioniert.
   V zieht beide Füße an und drückt die Fersen zu Boden.
7. Nun übernimmt die linke Hand von V die Fixierung des Unterarms von A:
   - Der rechte Arm von A ist gestreckt und mit dem linken Arm auf Vs Oberkörper fixiert. Mit dem Unterarm deshalb, weil hier mehr Kraft eingesetzt werden kann, als wenn der Arm mit der Hand festgehalten werden würde.
   - Mit der rechten Hand umgreift V As linken Oberschenkel.
   - Durch Strecken der Hüfte wird ein Seitstreckhebel (Armstreckhebel) ausgeführt.

1. A führt eine Körperumklammerung über den Armen von V aus.
2. Nachdem V einen Stampftritt auf den linken Fuß von A ausgeführt hat, um diesen zu schocken,
3. drückt er sich mit beiden Armen an den Beckenknochen von A nach hinten weg und schafft damit Platz zwischen sich und A.
4. V führt danach einen Knieschlag zum Genitalbereich von A aus.
5. Die linke Hand von V „wickelt" sich im Uhrzeigersinn um As rechten Arm und wird auf dessen Ellenbogengelenk abgelegt. Die linke Hand von V wird auf seine rechte Hand gelegt und so ein Drehstreckhebel (Armstreckhebel im Stand) ausgeführt.

6.-7. V schlägt sein linkes Bein über den Kopf von A und führt einen Schleuderwurf aus.

8. Danach tritt er mit rechts zu den kurzen Rippen,
9. setzt den Fuß nach vorn über A ab, dreht A dabei in die Bauchlage
10. und beendet die Kombination mit Armstreckhebel über die Leiste.

4

5

6

7

8

9

10

1. A stößt V Richtung Boden und führt mit rechts einen Fauststoß zum Kopf von V aus. Dabei befindet sich A zwischen den Beinen von V. V kontrolliert A mittels Nierenschere.
2. Durch Anziehen der Beine bringt V A nach vorn aus dem Gleichgewicht und fegt den angreifenden Arm mit der linken Hand nach rechts.
3. V kontrolliert den rechten Arm von A, schiebt seinen linken Fuß unter den Kopf von A.
4. Durch Vorschieben der Hüfte, Einklemmen des Arms zwischen den Beinen und Hochziehen des Arms in Richtung Decke (dabei zeigt der kleine Finger nach oben) wird ein Kippstreckhebel (Armstreckhebel) angesetzt.

1. A führt einen Schwitzkasten von der Seite aus.
2. V drückt mit seinem linken Daumen ins rechte Auge von A. A löst den Griff und richtet sich auf.
3. V führt einen Talfallzug aus, sodass A nach hinten zu Fall kommt.
4. V begibt sich direkt in die Seitenschärpe (Haltetechnik in seitlicher Position, auch *Kesa-gatame* genannt),
5. stemmt seine linke Hand dicht am Hals von A auf den Boden,
6. streckt seinen Oberkörper nach oben, schwingt sein linkes Bein über den Kopf von A
7. und führt einen Seitstreckhebel (Armstreckhebel) aus.

1 A nimmt V in einen Schwitzkasten von vorn.
2. V führt einen Handstich zum Hals von A aus,
öffnet mit links die Umklammerung.
V zieht den Kopf aus der Umklammerung,
3. greift mit rechts zwischen die Beine von A und legt die rechte Hand auf dessen Gesäß/unteren Rücken.
Die linke Hand wird diagonal über As rechten Nacken auf dessen Rücken gelegt.
4. V hebt A durch Strecken der Knie aus,
dreht ihn in die waagerechte Position,
5. lässt ihn fallen,
6. begibt sich in den Reitsitz,

7. rutscht mit dem rechten Knie über As linken Oberarm,
8. stellt seinen linken Fuß neben das linke Ohr von A (die Ferse zeigt in Richtung Nacken) und führt einen Armstreckhebel über die Leiste als Festleger aus.

## Literaturhinweise

Auf meinen Internetseiten www.optimale-selbstverteidigung.de befindet sich ein Bereich für Bücher. Hier kann der Interessierte einen Überblick über Literatur im Kampfsportbereich finden. Der Verlag Meyer & Meyer hat ein großes Angebot im Kampfsportbereich. Die entspechende Literatur findet man im Internet unter www.m-m-sports.com.

Im Folgenden werden einige Bücher von mir empfohlen, die ich selbst besitze und für gut empfinde.

Braun, C. (2004). Ju Jutsu Effektives Training – Das Prüfungsprogramm vom Grün- und Blaugurt. Aachen: Meyer & Meyer.

Braun, C. (2005). Ju Jutsu Effektives Training – Das Prüfungsprogramm zum Braungurt. Aachen: Meyer & Meyer.

Braun, C. (2005). Ju Jutsu Effektives Training – Das Prüfungsprogramm zum Schwarzgurt. Aachen: Meyer & Meyer.

Renninghoff, J. (1998). Ju-Jutsu-Training. Das Modell des Budosport-Trainings. Berlin: Sportverlag.

Richardson, B. (1998). Jeet Kune Do Unlimited. Burbank: Unique Publications.

Sander, H. & Deling, B. (2001). Judo Bodenprogramm von weißgelb bis orange. Aachen: Meyer & Meyer.

Sander, H. & Deling, B. (2000). Judo Standprogramm von weißgelb bis braun. Aachen: Meyer & Meyer.

Sander, H. & Deling, B. (2001). Judo Bodenprogramm von orangegrün bis braun. Aachen: Meyer & Meyer.

Siebert, G. (2001). Arnis, Escrima, Kali. Die Kunst der wirbelnden Stöcke. Berlin: Weinmann.

Vunak, P. (2001). Anatomy of a Street Fight. Burbank: Unique Publications.

Vunak, P. (1991). Jeet Kune Do: Its Concepts and Philosophies. Burbank: Unique Publications.

## Bildnachweis

Titelgestaltung: Jens Vogelsang, Aachen
Fotos: Christian Braun

Christian Braun, geb. 1965

**Adresse:**
Peter-Paul-Rubens-Str. 1
67227 Frankenthal
E-mail: Christian.Braun@optimale-selbstverteidigung.de
Home: www.optimale-selbstverteidigung.de
*Lehrgangsanfragen bitte auch an obige Adresse.*

**Graduierungen in Ju-Jutsu:**
5. Dan Ju-Jutsu, JJ-Lehrer Lizenz, Trainer-B Lizenz

**Weitere Graduierungen:**
Phase 6 IKAEF und Madunong Guro unter Jeff Espinous und Johan Skalberg
Instructor in Progressive Fighting Systems (Jeet Kune Do Consepts) unter Paul Vunak
Luta-Livre Lehrer unter Andreas Schmidt
1. Dan Jiu-Jitsu (Deutscher Jiu-Jitsu Bund)
Phase 2 Jun Fan Gung Fu unter Ralf Beckmann

**Personenschutz:**
Trainer für die Personenschützer der Vorstände eines großen IT-Unternehmens in Baden-Würtemberg.
Trainer für die Personenschützer der Firma MS Event Security in Grünstadt.

**Ämter:**
Landestrainer und Pressewart der Sektion Ju-Jutsu im Pfälzischen Judo-Bund(1990/91)
Referent für Senioren- und Behindertensport im Ju-Jutsu Verband Baden e.V. (1999-2003)
Seit 1992 Abteilungsleiter im Turn- und Fechtclub 1861 e.V. für Selbstverteidigung und Kampfsport.

**Mitarbeit:**
Mitglied der Leitbildkommission 2003/2004 des DJJV
Referent auf dem Bundesseminar des DJJV e.V. 2003
Mitglied der Ju-Jutsu Leitbildkommission 2003/2004 des DJJV e.V.
Referent auf Bundeslehrgängen des DJJV e. V.
Referent im Bereich der JJ-Lehrerausbildung des DJJV e.V.
Mitglied im Trainer-Team des JJ-Verband Baden e. V.
Mitglied im Trainer-Team des DJJV e.V. im Bereich Behindertensport

**Wettkampferfolge in der nach oben offenen Gewichtsklasse:**
Im Zeitraum von 1988-1991 wurden mehrere Platzierungen auf der Pfälzischen Einzelmeisterschaft errungen. Unter anderem 1991 der erste Platz. Weiterhin drei dritte Plätze auf der Süd-West Deutschen Einzelmeisterschaft.

Christian Braun

## Ju Jutsu – Effektives Training

**Das Prüfungsprogramm vom Grün- und Blaugurt**

Um Ju-Jutsu effektiv zu trainieren und die Prüfungen erfolgreich zu bestehen, werden hier alle erforderlichen Bewegungsformen und Techniken vom Grün- und Blaugurt dargestellt. Dieses praxisnahe Buch ist auch für Trainer ein umfassendes Nachschlagewerk.

Der Band schließt nahtlos an das Basisbuch „Ju-Jutsu – Effektives Training - Das Prüfungsprogramm vom Gelb- und Orangegurt" an.

280 Seiten, in Farbe
1.458 Fotos
Paperback mit
Fadenheftung
14,8 x 21 cm
ISBN 3-89899-047-8
€ 16,95 / SFr 29,00

Christian Braun

## Ju Jutsu – Effektives Training

**Das Prüfungsprogramm zum Braungurt**

Um die Prüfung zum Braungurt erfolgreich zu bestehen, werden Sie von einem erfahrenen Kampfsportler beim Erlernen aller notwendigen Techniken aus dem Prüfungsprogramm begleitet. Zahlreiche neue Kombinationen über alle Distanzen (Tritt-, Box-, Trapping-, Wurf- und Bodenkampfdistanz) werden vorgestellt.

Dieser Band beinhaltet die Original-Prüfungstexte des Ju Jutsu-Verbandes.

272 Seiten, in Farbe
über 1.000 Fotos
Paperback mit
Fadenheftung
14,8 x 21 cm
ISBN 3-89899-077-X
€ 16,95 / SFr 29,00

Christian Braun

## Ju Jutsu – Effektives Training

**Das Prüfungsprogramm zum Schwarzgurt**

Alle Ju-Jutsuka, die sich auf die Meisterprüfung des Verbandes vorbereiten wollen, werden hier gezielt mit allen erforderlichen Techniken vertraut gemacht.

Viele neue Kombinationen über alle Distanzen werden vorgestellt und machen das Werk für alle Kampfsportler und insbesondere auch für Cross-Fighter interessant.

Dieser Band beinhaltet die Original-Prüfungstexte des Ju Jutsu Verbandes.

272 Seiten, in Farbe
über 1.000 Fotos
Paperback mit
Fadenheftung
14,8 x 21 cm
ISBN 3-89899-078-8
€ 16,95 / SFr 29,00

MEYER & MEYER VERLAG

MEYER & MEYER Verlag | Von-Coels-Straße 390 | D-52080 Aachen | www.m-m-sports.com